MINISTÈRE DE L'INSTRUCTION PUBLIQUE.

RÈGLEMENT

POUR SERVIR,

EN CE QUI CONCERNE LE DÉPARTEMENT DE L'INSTRUCTION PUBLIQUE,

À L'EXÉCUTION DE L'ORDONNANCE ROYALE DU 31 MAI 1838

SUR

LA COMPTABILITÉ PUBLIQUE,

ET

NOMENCLATURE

DES PIÈCES A PRODUIRE AUX PAYEURS DU TRÉSOR

À L'APPUI DES ORDONNANCES ET MANDATS DE PAYEMENT.

F

MINISTÈRE DE L'INSTRUCTION PUBLIQUE.

RÈGLEMENT

POUR SERVIR,

EN CE QUI CONCERNE LE DÉPARTEMENT DE L'INSTRUCTION PUBLIQUE,

À L'EXÉCUTION DE L'ORDONNANCE ROYALE DU 31 MAI 1838

SUR

LA COMPTABILITÉ PUBLIQUE.

RÈGLEMENT

EN CE QUI CONCERNE LE DÉPARTEMENT DE L'INSTRUCTION PUBLIQUE,

À L'EXÉCUTION DE L'ORDONNANCE ROYALE DU 31 MAI 1838

SUR

LA COMPTABILITÉ PUBLIQUE,

ET

NOMENCLATURE

DES PIÈCES A PRODUIRE AUX PAYEURS DU TRÉSOR

À L'APPUI DES ORDONNANCES ET MANDATS DE PAYEMENT,

PARIS.
IMPRIMERIE ROYALE.
—
1841.

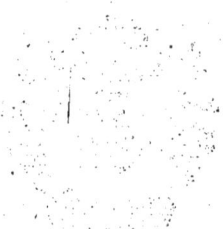

SOMMAIRE.

PREMIÈRE PARTIE.
COMPTABILITÉ GÉNÉRALE.

TITRE Ier.
DES CRÉDITS.

TITRE II.
DE L'EXÉCUTION DES SERVICES ET DES DÉLAIS POUR LA PRODUCTION DES PIÈCES DE DÉPENSE.

a...

TITRE III.

DE LA CONSTATATION DES DROITS DES CRÉANCIERS, ET DE LA LIQUIDATION DÉFINITIVE DES DÉPENSES.

TITRE IV.

ORDONNANCEMENT DES DÉPENSES.

TITRE V.

PAYEMENTS.

TITRE VI.

DES DÉPENSES DES EXERCICES CLOS.

a....

TITRE VII.

DES ÉCRITURES DE L'ADMINISTRATION CENTRALE
ET DES ORDONNATEURS SECONDAIRES.

TITRE VIII.

DES COMPTES.

TITRE IX.

RETENUES POUR LES CAISSES DE RETRAITE.

DEUXIÈME PARTIE

COMPTABILITÉS SPÉCIALES.

TITRE X.

COMPTABILITÉ DES PROPRIÉTÉS, FONDATIONS ET DOTATIONS DE L'INSTITUT.

TITRE XI.

COMPTABILITÉ DES COLLÉGES ROYAUX.

---

§ IV. — *Fonctions de l'ordonnateur.*

§ V. — *Compte d'administration.*

§ VI. — *Gestion du comptable.*

§ VII. — *Responsabilité.*

§ VIII. — *Écritures.*

§ IX. — *Contrôle et surveillance.*

§ X. — *Comptes de gestion.*

TITRE XII.

DÉPENSES DE L'INSTRUCTION PRIMAIRE À LA CHARGE DES DÉPARTEMENTS.

TITRE XIII.

FONDS CENTRALISÉS AU TRÉSOR POUR LES DÉPENSES DES ÉCOLES NORMALES PRIMAIRES.

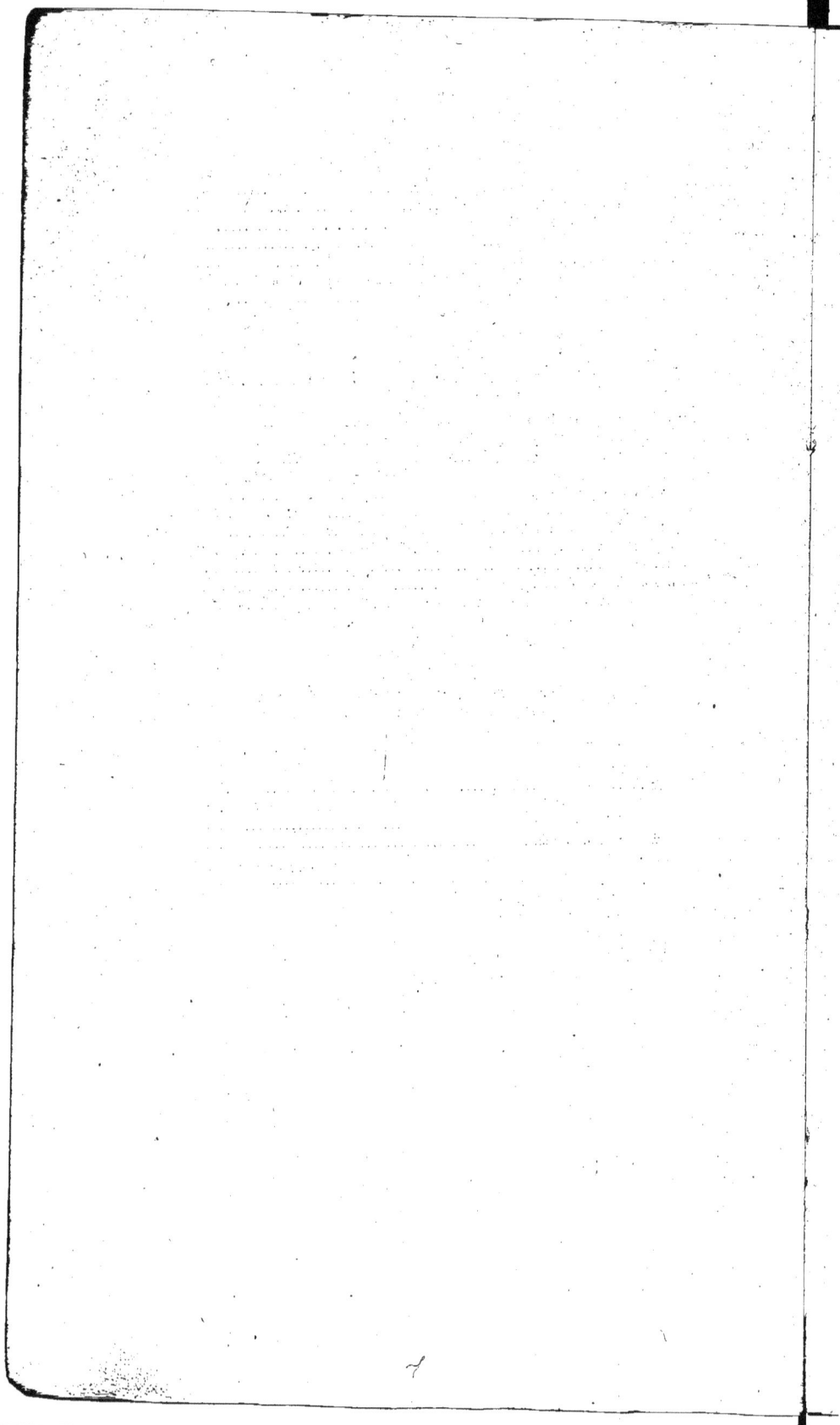

Paris, le 20 décembre 1841.

LE MINISTRE SECRÉTAIRE D'ÉTAT AU DÉPARTEMENT DE L'INSTRUCTION
PUBLIQUE,

A MM. les Préfets, sous-ordonnateurs des dépenses,

Et à MM. les Recteurs des Académies, Doyens des Facultés, Directeurs et Chefs des Établissements compris au budget du
ministère de l'instruction publique.

MESSIEURS, les dispositions générales concernant les comptabilités publiques ont été réunies et coordonnées dans l'ordonnance royale du 31 mai
1838; mais des règlements particuliers étaient nécessaires pour en assurer
l'exécution dans les divers ministères.

J'ai l'honneur de vous transmettre un exemplaire du règlement que j'ai
arrêté pour le département de l'instruction publique, sous la date du 16 décembre. Il a été approuvé par SA MAJESTÉ, après avoir été discuté devant la
commission qui avait été chargée de préparer l'ordonnance du 31 mai.

Le règlement du 16 décembre 1841 sera exécutoire à partir du 1er janvier
1842; mais il ne sera point applicable aux dépenses de l'exercice 1841.

Afin de prévenir toutes difficultés, j'ai jugé utile de vous donner des explications sur les dispositions anciennes qui ont été modifiées, et sur celles des
dispositions nouvelles qui pourraient laisser quelques doutes dans leur application.

Frais de concours.   Lorsqu'un concours n'était pas terminé le 31 décembre, la dépense portait
sur deux exercices. L'article 2, paragraphe 4, du règlement nouveau, dé-
cide, d'une manière absolue, qu'elle appartiendra exclusivement à l'exercice
de l'année pendant laquelle le concours aura été ouvert.

Limites assi-
gnées à la durée de   MM. les Préfets ne doivent user que dans des cas exceptionnels, et par
l'exercice.   conséquent très-rares, de la faculté qui est accordée par le premier paragraphe de l'article 3, de prolonger jusqu'au 1er mars l'exécution des services
qui n'auraient pu être terminés au 31 décembre.

Traitements,
appointements et
gages.

J'appelle l'attention particulière de MM. les Préfets, de MM. les Recteurs et de MM. les Chefs de service, sur les dispositions de l'article 24, qui sont applicables à tous les traitements, appointements et gages.

Secours indivi-
duels.

D'après les anciens règlements, les sommes allouées à titre de secours étaient annulées lorsque les titulaires décédaient avant de les avoir reçues. A partir de l'exercice 1842, ces secours pourront être payés à leurs héritiers ou ayants droit. (Article 33.)

Frais de tournées.

MM. les Préfets et MM. les Recteurs remarqueront qu'à l'avenir, lorsque les frais de tournées ou de missions auront été réglés à forfait, l'extrait de la décision devra être joint à l'ordonnance ou au mandat, ainsi que le prescrit l'article 34.

Acquisitions
d'objets mobiliers.

En constatant la réception des objets acquis, les agents préposés à leur conservation sont tenus, d'après l'article 37, de certifier au bas des mémoires ou factures que ces objets ont été inscrits sur l'inventaire ou sur le catalogue. Cette disposition est applicable à tous les établissements placés dans les attributions du ministère de l'instruction publique.

Pièces à produire.

Les anciens règlements exigeaient que les pièces de dépenses fussent produites en triple expédition. L'article 57 dispose qu'à partir de l'exercice 1842, deux expéditions seulement seront produites. La première sera jointe au mandat de payement; la seconde sera transmise chaque mois au ministre, avec le bordereau détaillé des mandats délivrés. En fin d'exercice, les pièces seront renvoyées pour l'établissement du compte définitif à MM. les Préfets, qui les joindront au compte qu'ils adresseront au ministre.

Mode d'écri-
tures des ordonna-
teurs secondaires.

MM. les Préfets devront se conformer aux dispositions des articles 147 à 154 inclusivement, qui déterminent la forme des écritures qu'ils auront désormais à tenir. Ils ne s'écarteront, dans aucun cas, des divers modèles de journaux, registres, etc., qui sont annexés au présent règlement.

Inventaire du
mobilier fourni
aux fonctionnaires
et aux établisse-
ments publics.

Je recommande à MM. les Recteurs, Doyens, Directeurs des écoles de pharmacie et des écoles normales primaires, de faire immédiatement compléter les inventaires du mobilier prescrit par l'article 165.

Ils ne perdront pas de vue que ces inventaires doivent être récolés tous les ans, et à chaque mutation, par les agents de l'administration des domaines.

Catalogue des bibliothèques et des collections.

On devra également faire compléter les catalogues des bibliothèques et des collections.

Retenues sur les traitements des fonctionnaires des colléges royaux et communaux.

MM. les Préfets continueront à ne mandater que le net des traitements. Le montant des retenues sera ordonnancé directement, au nom du caissier de la caisse des dépôts et consignations, pour le compte de chacune des deux caisses de retraite du département de l'instruction publique, conformément à l'article 168.

Reversement de fonds départementaux après la clôture d'un exercice.

L'administration n'avait pas de moyen direct de faire reporter au crédit du ministère, afin d'en opérer la restitution aux départements, le montant des fonds départementaux provenant des exercices clos qui étaient reversés dans les caisses des receveurs des finances. Ces reversements étaient effectués sous le titre de Recettes accidentelles pour le compte du trésor, et ne pouvaient être rétablis au crédit du ministère de l'instruction publique qu'au moyen de virements de comptes. Ils étaient ensuite ajoutés au crédit: Ressources spéciales des écoles normales primaires, avec lesquelles ils restaient confondus.

Cet état de choses avait de graves inconvénients. Aux termes de l'article 235 du nouveau règlement, les restitutions à faire par les familles des élèves qui ne remplissent pas les conditions auxquelles la jouissance d'une bourse ou d'une portion de bourse départementale est accordée, ainsi que tous les autres reversements de fonds départementaux provenant d'un exercice dont le compte est rendu, seront effectués à l'avenir dans la caisse du receveur général, pour être portés par lui à un compte de produits éventuels départementaux affectés à l'instruction primaire. Le montant de ces produits formera le crédit d'un article correspondant porté au budget du ministère de l'instruction publique sous le titre de : Dépenses imputables sur les produits éventuels départementaux affectés à l'instruction primaire. De cette manière, toutes les opérations, soit de recettes, soit de dépenses, pourront être régulièrement constatées.

Toutefois, le crédit de l'article mentionné ci-dessus n'ayant pas été ouvert au budget de 1842, le mode de reversement dont il s'agit ne pourra être mis à exécution qu'à partir de l'exercice 1843; on continuera donc jusqu'à cette époque d'opérer comme par le passé, relativement aux reversements de cette nature.

Remises sur les droits d'inscriptions, d'examens et de diplômes dans les facultés. Les remboursements des droits qui ont été payés dans les facultés avaient lieu sur des états nominatifs certifiés par le recteur ou par le doyen. Désormais on devra produire à l'appui de ces états un certificat du secrétaire-agent-comptable, énonçant : 1° la date, l'objet et le montant de la consignation ou du versement ; 2° la date à laquelle la somme consignée ou versée est devenue droit définitivement acquis au trésor. (Nomenclature des pièces à produire, page 137.)

Les énonciations devront être les mêmes que celles qui se trouvent, soit sur le livre des inscriptions, soit sur le livre à souche.

Telles sont, Messieurs, les explications que j'ai jugé utile de vous donner ; je m'en repose avec confiance sur votre zèle éclairé pour assurer, chacun en ce qui vous concerne, l'exécution complète du règlement du 16 décembre.

Vous ne perdrez pas de vue que l'on ne doit, dans aucun cas, ni sous aucun prétexte, s'écarter des prescriptions relatives à la production des pièces justificatives des dépenses. Tous les cas sont prévus dans la nomenclature qui est placée à la suite du règlement.

Recevez, Messieurs, l'assurance de ma considération très-distinguée.

Le Ministre Secrétaire d'État de l'instruction publique,

Signé VILLEMAIN.

Pour ampliation :

Le Chef de la division de comptabilité,

RAPPORT AU ROI.

Du 16 Décembre 1841.

· SIRE,

J'ai l'honneur de soumettre à l'approbation de VOTRE MAJESTÉ le Règlement que j'ai préparé sur la comptabilité des dépenses du ministère de l'instruction publique.

J'y ai réuni toutes les dispositions de l'ordonnance du 31 mai 1838 qui étaient applicables aux services de ce département, et je l'ai complété en y ajoutant des dispositions particulières pour certains services spéciaux.

J'ai placé à la suite du Règlement l'analyse du mode d'administration, de comptabilité et de payement des dépenses de l'instruction publique, et la nomenclature des pièces justificatives à produire aux payeurs du trésor.

Ce travail a été discuté devant la commission chargée de la révision des règlements de comptabilité des divers départements ministériels.

Je suis avec le plus profond respect,

SIRE,

DE VOTRE MAJESTÉ,

Le très-humble, très-obéissant et fidèle serviteur,

Le Ministre Secrétaire d'État au département de l'instruction publique,

VILLEMAIN.

RÈGLEMENT

POUR SERVIR,

EN CE QUI CONCERNE LE DÉPARTEMENT DE L'INSTRUCTION PUBLIQUE,

À L'EXÉCUTION DE L'ORDONNANCE ROYALE DU 31 MAI 1838

SUR LA COMPTABILITÉ PUBLIQUE.

PREMIÈRE PARTIE.

COMPTABILITÉ GÉNÉRALE.

TITRE PREMIER.

DES CRÉDITS.

ART. 1er.

Le budget du ministère de l'instruction publique est fixé par la loi annuelle de finances, qui ouvre les crédits nécessaires aux dépenses présumées de chaque exercice. *Budget.*

(*Article 12 de l'ordonnance du 31 mai 1838.*)

La division de comptabilité du ministère est chargée de recueillir tous les documents nécessaires au projet de budget qui doit être soumis au vote des Chambres.

ART. 2.

Les crédits ouverts par la loi annuelle de finances, pour les dépenses d'un exercice, ne peuvent être employés aux dépenses d'un autre exercice. *Spécialité des crédits par exercice.*

Sont seuls considérés comme appartenant à un exercice les services faits et les droits acquis pendant l'année qui donne sa dénomination audit exercice.

(*Articles 3 et 30 de l'ordonnance du 31 mai 1838.*)

Les souscriptions et abonnements aux ouvrages scientifiques et littéraires sont acquittés sur les crédits de l'exercice qui prend son nom de l'année pendant laquelle le dépôt a été effectué.

Les frais de concours sont imputables sur les fonds de l'exercice qui prend son nom de l'année pendant laquelle le concours a été ouvert.

Les frais de prix appartiennent à l'exercice pendant lequel les prix sont décernés.

Les subventions accordées aux établissements placés dans les attributions du département de l'instruction publique sont imputables à l'exercice auquel se rattachent les besoins du service subventionné.

Les indemnités, gratifications et honoraires se rapportent à l'année du service qui y donne lieu.

Toutes les autres dépenses telles que traitements, salaires, travaux, fournitures, loyers, etc., appartiennent à l'exercice de l'année pendant laquelle elles ont été effectuées.

Art. 3.

Limites assignées à la durée de l'exercice. La durée de la période pendant laquelle doivent se consommer tous les faits de dépense de chaque exercice se prolonge ,

1° Jusqu'au 1ᵉʳ mars de la seconde année, pour achever, dans la limite des crédits ouverts, les services du matériel dont l'exécution n'aurait pu, d'après une déclaration de l'ordonnateur énonçant les motifs de ces cas spéciaux, être terminée avant le 31 décembre;

2° Jusqu'au 31 octobre de cette seconde année, pour compléter les opérations relatives à la liquidation, à l'ordonnancement et au payement, sans préjudice toutefois des délais déterminés pour chaque ordre d'opération par les titres III, IV et V ci-après.

(*Article 4 de l'ordonnance du 31 mai 1838.*)

Art. 4.

Spécialité des crédits par chapitre. Le budget des dépenses du ministère de l'instruction publique est divisé en chapitres spéciaux qui, selon les cas, se subdivisent en articles. Les sommes affectées par la loi à chacun de ces chapitres ne peuvent être appliquées à des chapitres différents.

(*Articles 31 et 32 de l'ordonnance du 31 mai 1838.*)

Art. 5.

Crédits en dehors de la loi annuelle des dépenses. Toute demande de crédit, faite aux Chambres en dehors de la loi annuelle des dépenses, doit indiquer les voies et moyens qui seront affectés aux crédits demandés.

Cette disposition est concertée avec le ministre des finances.

(*Article 13 de l'ordonnance du 31 mai 1838.*)

Art. 6.

Le ministre ne peut, sous sa responsabilité, dépenser au delà des crédits qui lui ont été ouverts pour chacun des chapitres spéciaux de son budget. *Maintien des dépenses dans la limite des crédits.*

(*Article 14 de l'ordonnance du 31 mai 1838.*)

Les préfets, les recteurs et les chefs d'établissements de l'instruction publique sont tenus, sous leur responsabilité, de se renfermer, quant aux dépenses, dans la limite des règlements et des autorisations qui leur ont été données par le ministre.

Art. 7.

Le ministre ne peut accroître, par aucune ressource particulière, le montant des crédits affectés aux dépenses de son département. *Prohibition des ressources étrangères aux crédits.*

Lorsque des objets mobiliers ou immobiliers ne peuvent être réemployés, et sont susceptibles d'être vendus, la vente doit en être faite au profit du trésor, en vertu d'une autorisation du ministre, avec le concours des préposés des domaines et dans les formes prescrites.

Il est également fait recette, par le trésor public, des sommes qui, payées indûment ou par erreur, n'auraient été restituées qu'après la clôture de l'exercice, et généralement de tous les fonds qui proviendraient d'une source étrangère aux crédits législatifs.

(*Article 16 de l'ordonnance du 31 mai 1838.*)

Art. 8.

Le produit brut des ventes d'objets mobiliers ou immobiliers non susceptibles d'être réemployés pour le service même d'où ils proviennent, est versé dans la caisse de l'administration de l'enregistrement et des domaines, qui demeure chargée de payer les frais de toute nature occasionnés par lesdites ventes, au moyen des crédits ouverts au budget du ministère des finances. *Produit et frais de ventes d'objets mobiliers et immobiliers.*

Un duplicata du récépissé de la somme versée par l'adjudicataire et une expédition du procès-verbal d'adjudication sont remis au fonctionnaire de l'administration qui a dirigé l'opération.

Art. 9.

Néanmoins, s'il s'agit d'objets appartenant en propre à l'Université ou faisant partie de ses domaines, le produit en est versé, *pour le* *Produit de vente des meubles et immeubles appartenant à l'Université, appliqué à augmenter sa dotation.*

INSTRUCTION PUBLIQUE.   1.

compte de *l'Université*, à la caisse du receveur général des finances du département, qui le fait parvenir à la caisse des dépôts et consignations, pour être employé, sur l'autorisation du ministre de l'instruction publique, en achat de rentes destinées à augmenter sa dotation.

ART. 10.

Produits de loyers d'immeubles appartenant à l'Université versés dans les caisses du trésor.

Les produits de loyers des bâtiments et des domaines appartenant à l'Université sont versés directement, comme tous les autres produits universitaires, dans les caisses des receveurs des finances pour le compte du trésor public, ainsi qu'il est prescrit par le règlement spécial du 27 novembre 1834, arrêté par les ministres des finances et de l'instruction publique, pour l'exécution des lois de finances des 23 et 24 mai 1834, en ce qui concerne l'Université.

Ces produits sont portés en recette au budget général de l'État, et il en est rendu compte comme des autres revenus du trésor.

ART. 11.

Crédits supplémentaires.

Les suppléments de crédit demandés pour subvenir à l'insuffisance dûment justifiée des fonds affectés à un service porté au budget, et dans les limites prévues par la loi, doivent être autorisés par des ordonnances du Roi, qui sont converties en loi à la plus prochaine session des Chambres.

(*Article* 20 *de l'ordonnance du* 31 *mai* 1838.)

ART. 12.

Les ordonnances du Roi qui, en l'absence des Chambres, ont ouvert au ministre de l'instruction publique des crédits, à quelque titre que ce soit, ne sont exécutoires par le ministre des finances qu'autant qu'elles ont été rendues sur l'avis du conseil des ministres; elles sont contre-signées par le ministre de l'instruction publique, et insérées au Bulletin des lois.

(*Article* 21 *de l'ordonnance du* 31 *mai* 1838.)

ART. 13.

La faculté d'ouvrir par ordonnance du Roi des crédits supplémentaires, conformément à l'article 11 ci-dessus, n'est applicable qu'aux dépenses concernant un service voté, et dont la nomenclature est insérée, pour chaque exercice, dans la loi annuelle relative au budget des dépenses.

(*Article* 23 *de l'ordonnance du* 31 *mai* 1838.)

Art. 14.

Lorsqu'il s'agit d'un service non compris dans la nomenclature mentionnée en l'article précédent, la dépense est constatée dans les écritures de la comptabilité centrale du ministère de l'instruction publique ; mais elle ne donne pas lieu à l'ouverture d'un crédit de payement par ordonnance royale, et ne doit être acquittée qu'après l'allocation du crédit législatif. Les suppléments de cette nature sont, en cas d'urgence, compris distinctement dans le projet de loi relatif à la régularisation des crédits supplémentaires.

(*Article 24 de l'ordonnance du 31 mai 1838.*)

Art. 15.

Les crédits supplémentaires sont demandés, et leur emploi est justifié dans les comptes, par article ou spécialité de dépense ; mais le règlement législatif continue à s'opérer par chapitre.

(*Article 25 de l'ordonnance du 31 mai 1838.*)

Art. 16.

Les services extraordinaires et urgents, dont la dépense n'aurait pas été comprise dans le montant des crédits spéciaux ouverts au budget du ministère, ne peuvent être entrepris qu'après avoir été préalablement autorisés par des ordonnances du Roi, rendues dans les formes déterminées par les articles 11 et 12 ci-dessus.

Crédits extraordinaires.

(*Article 26 de l'ordonnance du 31 mai 1838.*)

Art. 17.

La faculté d'ouvrir des crédits par ordonnance du Roi, pour des cas extraordinaires et urgents, est applicable seulement à des services qui ne pouvaient pas être prévus et réglés par le budget.

(*Article 27 de l'ordonnance du 31 mai 1838.*)

Art. 18.

L'emploi de tout crédit extraordinaire accordé pour un service non prévu au budget est justifié d'une manière spéciale et distincte dans le compte général de l'exercice pour lequel le crédit a été ouvert (1).

(*Article 28 de l'ordonnance du 31 mai 1838.*)

Art. 19.

Crédits complémentaires. Les suppléments nécessaires pour couvrir les insuffisances de crédits reconnues lors de l'établissement du compte définitif d'un exercice, sur des services compris dans la nomenclature indiquée en l'article 13 ci-dessus, sont provisoirement ouverts aux ministres par des ordonnances royales, dont la régularisation est proposée aux Chambres par le projet de loi de règlement de cet exercice.

A l'égard des excédants de dépense constatés en règlement d'exercice sur des services non prévus dans la nomenclature précitée, le crédit n'est pas ouvert préalablement par ordonnance royale : la demande en est soumise directement aux Chambres, et les payements n'ont lieu qu'avec imputation sur les restes à payer arrêtés par la loi de règlement.

(*Article 29 de l'ordonnance du 31 mai 1838.*)

Art. 20.

La division de comptabilité est spécialement chargée des opérations relatives à l'exécution des articles 11, 12, 13, 14, 15, 16, 17, 18 et 19 ci-dessus du présent règlement, en ce qui concerne les crédits supplémentaires, extraordinaires ou complémentaires.

Art. 21.

Répartition des crédits par article. Avant de faire aucune disposition sur les crédits ouverts pour chaque exercice, le ministre répartit, lorsqu'il y a lieu, entre les divers articles de son budget, les crédits législatifs qui lui ont été ouverts par chapitres.

Cette répartition, soumise dans ce cas à l'approbation du Roi, n'établit que des subdivisions administratives ; la spécialité des crédits demeure exclusivement renfermée dans les limites des chapitres lé-

---

(1) Il est formé des chapitres spéciaux pour les dépenses qui n'ont point de corrélation avec celles des services prévus au budget ; mais, lorsqu'il s'agit de dépenses de même nature, il n'est point ouvert de nouveaux chapitres, et l'emploi des crédits extraordinaires est justifié d'une manière spéciale, au moyen de colonnes distinctes dans le compte général d'exercice.

gislatifs, et la comparaison entre les crédits ouverts et les dépenses consommées n'a lieu dans les comptes que par chapitres.

(*Articles* 35, 36 *et* 37 *de l'ordonnance du* 31 *mai* 1838.)

A défaut de répartition par ordonnance royale, les crédits ouverts au ministre de l'instruction publique par le budget général sont, par lui, subdivisés par articles ou par services, et cette subdivision administrative détermine les sommes particulièrement affectées à chaque nature de dépense.

Ces crédits ministériels assignent des limites aux dépenses autorisées, et les administrateurs doivent, en conséquence, s'y renfermer rigoureusement. Tout excédant de dépense qui aurait lieu sans autorisation resterait à la charge du fonctionnaire ou agent qui l'aurait autorisé ou toléré.

Art. 22.

Du 10 au 20 de chaque mois, le ministre fait établir, dans les limites de la loi annuelle de finances, un aperçu des fonds nécessaires aux services de son département pour le mois suivant. Cet aperçu est transmis au ministre des finances, pour être compris dans l'ordonnance royale portant distribution des fonds entre les divers départements ministériels. Fonds mensuels de distribution.

(*Article* 38 *de l'ordonnance du* 31 *mai* 1838.)

Les fonds mensuels de distribution se cumulent successivement, de manière à ne former qu'une masse commune par exercice, destinée à recevoir l'imputation des ordonnances délivrées par le ministre. Cumulation des fonds mensuels de distribution.

TITRE II.

DE L'EXÉCUTION DES SERVICES ET DES DÉLAIS POUR LA PRODUCTION DES PIÈCES DE DÉPENSE.

Art. 23.

Le mode d'administration et d'exécution de chaque service est déterminé par des instructions et règlements spéciaux, dont l'analyse, en ce qui concerne la comptabilité, est insérée dans la nomenclature générale, qui indique la nature et la forme des pièces justificatives des dépenses à produire aux payeurs à l'appui des payements.

Art. 24.

Traitements,
appointements,
gages
et salaires.

Les traitements fixes et éventuels, les appointements, gages et salaires, ainsi que les droits de présence, sont payables par mois ou par trimestre, selon les besoins de chaque service, et sont soumis aux règles suivantes :

1° Les mois sont uniformément de trente jours, et les décomptes par jour se font par trentième de mois ; le trente et unième est négligé, et les vingt-huit jours de février comptent pour trente.

2° Le traitement des fonctionnaires, professeurs et employés, court à dater du jour de la prestation du serment ou de l'installation.

Il est dû jusques et compris le jour de la cessation des fonctions. Le jour du départ ou le jour du décès est admis au décompte.

3° Le fonctionnaire ou professeur promu à de nouvelles fonctions n'a droit au traitement de son nouvel emploi qu'à partir du jour de son installation.

Il ne peut lui être fait rappel de son traitement précédent, pour cause d'interruption, qu'autant qu'il s'est rendu à son poste dans le délai fixé par le ministre.

Ce rappel n'a lieu qu'en vertu d'une décision spéciale.

4° Le traitement intégral est dû aux fonctionnaires, professeurs et employés qui sont chargés de missions ou appelés près de l'autorité supérieure.

5° Il n'y a pas interruption de traitement pendant les vacances des facultés, des collèges, des bibliothèques et autres établissements placés dans les attributions du ministère de l'instruction publique.

6° Lorsque des congés sont accordés, le traitement, pendant la durée du congé, est fixé par décision spéciale.

7° Le traitement est retenu aux fonctionnaires, professeurs et employés qui s'absentent sans congé ; si l'absence a lieu pour cause de maladie, le ministre statue.

Art. 25.

Cumul.

Les membres de l'Université, les fonctionnaires et professeurs des établissements scientifiques et littéraires, qui sont titulaires de plusieurs emplois, reçoivent les traitements complets affectés à chacun des emplois dont ils remplissent les fonctions.

(*Décret du* 16 *fructidor an* III. — *Article* 137 *de la loi du* 25 *mars* 1817.)

Les autres fonctionnaires et employés du département de l'instruction publique sont soumis, pour le cumul, aux dispositions prescrites par l'article 78 de la loi du 28 avril 1816.

Art. 26.

Nul ne peut cumuler deux pensions, ni une pension avec un traitement d'activité, de disponibilité ou de non-activité, qu'autant que les deux allocations réunies n'excèdent pas 700 francs, et seulement jusqu'à concurrence de cette somme.

(*Article 233 de l'ordonnance du 31 mai 1838.*)

Art. 27.

Toutefois, les pensions des académiciens et hommes de lettres attachés à l'instruction publique, à la bibliothèque royale, à l'observatoire, ou au bureau des longitudes, peuvent, quand elles n'excèdent pas 2,000 francs (et jusqu'à concurrence de cette somme, si elles l'excèdent), se cumuler avec un traitement d'activité, pourvu que la pension et le traitement ne s'élèvent pas ensemble à plus de 6,000 fr.

(*Art. 12 de la loi du 15 mai 1818 ; paragraphe 2 de l'article 235 de l'ordonnance du 31 mai 1838.*)

Art. 28.

Les frais de bureau des administrations académiques des départements sont réglés par abonnement, et soumis aux règles ci-après :

Frais de bureau des recteurs.

1° Le recteur nommé pour la première fois, ou qui passe d'une académie à une autre, est payé par douzième, et à compter du jour de son installation, de l'abonnement qui lui est accordé à forfait, pour frais de bureau ;

2° S'il y a eu intérim, il reçoit de l'inspecteur qui a fait les fonctions de recteur un compte de clerc à maître des sommes que celui-ci a dû prendre sur les fonds d'abonnement pour subvenir aux dépenses pendant la durée de l'intérim ;

3° Si les dépenses faites n'égalent pas la portion de l'abonnement afférente au temps écoulé, l'excédant forme un reste disponible qui ne peut être employé qu'avec l'autorisation du ministre ;

4° Le recteur reçoit l'abonnement jusqu'au jour où il cesse d'exercer, et au prorata de son temps réel d'exercice ;

5° Les objets compris dans l'abonnement, achetés et payés par le recteur avec la portion de ce fonds qui lui est acquise, et qui ne sont pas consommés, lui appartiennent. Il peut, ou les céder à son successeur, ou en disposer de toute autre manière.

Il n'y a pas d'abonnement pour les frais de bureau de l'académie de Paris, dont le montant est subordonné aux besoins du service et arrêté par le ministre.

Art. 29.

Indemnités.

Les indemnités annuelles sont payables par mois ou par trimestre : lorsqu'il y a décès, les décomptes s'établissent par jour comme pour les traitements.

Art. 30.

Les indemnités une fois payées, pour travaux ou services extraordinaires, sont accordées par décisions spéciales et motivées du ministre.

Art. 31.

Encouragements.

Les encouragements aux savants et gens de lettres sont accordés par décisions spéciales du ministre. Ils ne sont payables qu'aux titulaires. En cas de décès avant payement, ils font retour au crédit.

Art. 32.

Subventions.

Les subventions aux colléges royaux, ainsi qu'aux autres établissements placés dans les attributions du département de l'instruction publique, sont autorisées par le budget ou résultent de décisions motivées du ministre.

Art. 33.

Secours individuels.

Les secours individuels aux savants et hommes de lettres, aux anciens membres du corps enseignant, à leurs enfants et à leurs veuves, sont accordés, soit sur états collectifs, soit isolément, par décision du ministre. En cas de décès, ils sont payables aux héritiers.

Art. 34.

Frais de tournées.

Les frais de tournées et de déplacements, voyages et missions, sont réglés à raison des jours d'absence et des distances parcourues; ils peuvent l'être à forfait, par décisions spéciales; dans le premier cas, ils sont payés sur états et pièces à l'appui, et dans le second, sur simple quittance appuyée d'extraits des décisions.

S'il y a abonnement ou allocation fixe à forfait, le payement a lieu par mois ou par trimestre, sur décompte, et au prorata du temps réel d'exercice, comme pour le traitement.

Art. 35.

Les loyers ou locations de bâtiments doivent être consentis par baux ou conventions écrites. Il ne doit y être stipulé aucun payement par avance, imputable sur les derniers termes de la jouissance. *Loyers.*

Art. 36.

Les acquisitions d'immeubles doivent être préalablement autorisées par une ordonnance royale approbative du prix et des principales conditions du contrat. *Acquisitions.*

Art. 37.

Lorsque des objets sont acquis soit pour le mobilier, soit pour les bibliothèques ou les collections, la prise en charge par l'agent chargé de la conservation de ces objets doit être constatée sur les mémoires ou factures.

Art. 38.

Tous les marchés pour le compte du ministère de l'instruction publique sont passés avec concurrence et publicité, sauf les exceptions mentionnées en l'article suivant. *Marchés avec concurrence et publicité.*

(*Article 45 de l'ordonnance du 31 mai 1838.*)

Art. 39.

Il peut être traité de gré à gré,

1° Pour les fournitures, transports et travaux dont la dépense totale n'excède pas 10,000 francs, ou, s'il s'agit d'un marché passé pour plusieurs années, dont la dépense annuelle n'excède pas 3,000 francs; *Marchés de gré à gré.*

2° Pour toute espèce de fournitures, de transports ou de travaux, lorsque les circonstances exigent que les opérations du Gouvernement soient tenues secrètes : ces marchés doivent préalablement avoir été autorisés par le Roi, sur un rapport spécial;

3° Pour les objets dont la fabrication est exclusivement attribuée à des porteurs de brevets d'invention ou d'importation;

4° Pour les objets qui n'auraient qu'un possesseur unique;

5° Pour les ouvrages et les objets d'art et de précision dont l'exécution ne peut être confiée qu'à des artistes éprouvés;

6° Pour les exploitations, fabrications et fournitures qui ne sont faites qu'à titre d'essai;

7° Pour les matières et denrées qui, à raison de leur nature particulière et de la spécialité de l'emploi auquel elles sont destinées, sont achetées et choisies aux lieux de production, ou livrées sans intermédiaires par les producteurs eux-mêmes;

8° Pour les fournitures, transports ou travaux qui n'ont été l'objet d'aucune offre aux adjudications, ou à l'égard desquels il n'a été proposé que des prix inacceptables. Toutefois, lorsqu'un maximum de prix a été arrêté, ce maximum ne doit pas être dépassé;

9° Pour les fournitures, transports et travaux qui, dans le cas d'urgence évidente, amenée par des circonstances imprévues, ne peuvent pas subir les délais de l'adjudication.

10° Pour les affrétements passés au cours des places par l'intermédiaire des courtiers, et pour les assurances sur les chargements qui s'ensuivent.

(*Article 46 de l'ordonnance du 31 mai 1838.*)

Art. 40.

Restrictions pour certaines adjudications publiques.

Les adjudications publiques relatives à des fournitures, à des travaux, à des exploitations ou fabrications qui ne peuvent être livrées sans inconvénients à une concurrence illimitée, sont soumises à des restrictions qui n'admettent à concourir que des personnes préalablement reconnues capables par l'administration, et produisant les titres justificatifs exigés par les cahiers des charges.

(*Article 47 de l'ordonnance du 31 mai 1838.*)

Art. 41.

Cahiers des charges.

Les cahiers des charges déterminent, indépendamment des obligations de service imposées aux fournisseurs ou entrepreneurs, la nature et l'importance des garanties qu'ils doivent produire, soit pour être admis aux adjudications, soit pour répondre de l'exécution de leurs engagements. Ils déterminent aussi l'action que l'administration exerce sur ces garanties en cas d'inexécution de ces engagements.

(*Article* 49 *de l'ordonnance du* 31 *mai* 1838.)

ART. 42.

L'avis des adjudications à passer est publié, sauf les cas d'urgence, un mois à l'avance, par la voie des affiches et par tous les moyens ordinaires de publicité.

Avis des adjudications.

Cet avis fait connaître,

1° Le lieu où l'on pourra prendre connaissance du cahier des charges ;

2° Les autorités chargées de procéder à l'adjudication ;

3° Le lieu, le jour et l'heure fixés pour l'adjudication.

(*Article* 50 *de l'ordonnance du* 31 *mai* 1838.)

ART. 43.

Les soumissions sont remises cachetées, en séance publique. Lorsqu'un maximum de prix ou un minimum de rabais a été arrêté d'avance par le ministre ou par le fonctionnaire qu'il a délégué, ce maximum ou ce minimum est déposé cacheté sur le bureau, à l'ouverture de la séance.

Soumissions.

(*Article* 51 *de l'ordonnance du* 31 *mai* 1838.)

ART. 44.

Toutes les fois que le cahier des charges n'exclut pas les enchères ou rabais au-dessous d'un centime, le minimum de prix ou le maximum de rabais doit, sans exception, être exprimé dans les soumissions, sous le rapport fractionnaire, en fractions décimales dérivant directement du franc, unité monétaire, c'est-à-dire en centimes et en millimes. Il doit, en outre, être répété en toutes lettres.

Indication des prix en fractions décimales dans les soumissions.

ART. 45.

Dans le cas où plusieurs soumissionnaires offriraient le même prix, et où ce prix serait le plus bas de ceux qui sont portés dans les soumissions, il serait procédé, séance tenante et avant l'ouverture du pli cacheté contenant le maximum de prix ou le minimum de rabais, à un nouveau concours, soit par voie de soumission, soit à l'extinction des feux, entre ces soumissionnaires seulement.

Cas où le prix le plus bas serait exprimé dans plusieurs soumissions.

(*Article* 52 *de l'ordonnance du* 31 *mai* 1838.)

Nouvelle adjudication dans le cas où aucune soumission ne se trouve dans le prix limité.

Lorsque, d'après le dépouillement des soumissions déposées, il ne s'en trouve aucune dans la limite du maximum de prix ou du minimum de rabais, il peut être procédé, séance tenante, à une nouvelle adjudication entre les soumissionnaires présents, qui, pour cet effet, sont admis à proposer, par écrit, des rabais sur leurs premières soumissions.

Art. 46.

Procès - verbal d'adjudication.

Les résultats de chaque adjudication sont constatés par un procès-verbal relatant les circonstances de l'opération.

(*Article 53 de l'ordonnance du 31 mai 1838.*)

Ce procès-verbal, rédigé sur papier timbré, est enregistré sur minute à la diligence de l'administration.

Les droits d'enregistrement, perçus au taux fixe d'*un franc* pour chaque fournisseur non associé, et d'*un franc* pour chaque caution ou cautionnement, décime en sus, les frais de timbre, d'affiches et d'insertion aux feuilles publiques, sont à la charge de l'adjudicataire.

Art. 47.

Délai pour recevoir des offres de rabais.

Il est fixé par le cahier des charges, lorsque le ministre le juge nécessaire, un délai pour recevoir des offres de rabais sur le prix de l'adjudication. Si, pendant ce délai, qui ne doit pas dépasser trente jours, il est fait une ou plusieurs offres de rabais d'au moins dix pour cent chacune, il est procédé à une réadjudication entre le premier adjudicataire et l'auteur ou les auteurs des offres de rabais, pourvu que ces derniers aient, préalablement à leurs offres, satisfait aux conditions imposées par le cahier des charges pour pouvoir se présenter aux adjudications.

(*Article 54 de l'ordonnance du 31 mai 1838.*)

Art. 48.

Approbation des adjudications par le ministre.

Les adjudications et réadjudications sont toujours subordonnées à l'approbation du ministre, et ne sont valables et définitives qu'après cette approbation, sauf les exceptions spécialement autorisées et relatées dans le cahier des charges.

(*Article 55 de l'ordonnance du 31 mai 1838.*)

ART. 49.

Les marchés de gré à gré sont passés par le ministre ou par les fonctionnaires qu'il délègue à cet effet; ils ont lieu,

Mode de passation des marchés de gré à gré.

1° Soit sur un engagement souscrit à la suite du cahier des charges;

2° Soit sur soumission souscrite par celui qui propose de traiter;

3° Soit sur correspondance, suivant l'usage du commerce.

Il peut y être suppléé par des achats faits sur simple facture, pour les objets qui sont livrés immédiatement et dont la valeur n'excède pas 500 francs.

Les marchés de gré à gré passés par les délégués du ministre, et les achats qu'ils font, sont toujours subordonnés à son approbation, à moins, soit de nécessité résultant de force majeure, soit d'une autorisation spéciale ou dérivant des règlements particuliers à chaque service, circonstances qui sont relatées dans lesdits marchés ou dans les décisions approbatives des achats.

(*Article 56 de l'ordonnance du 31 mai 1838.*)

ART. 50.

Les dispositions précédentes ne sont applicables, ni aux marchés passés aux colonies ou hors du territoire français, ni aux travaux que l'administration est dans la nécessité d'exécuter en régie ou à la journée.

Exceptions pour les marchés passés aux colonies ou hors de France, et pour les travaux en régie où à la journée.

(*Article 57 de l'ordonnance du 31 mai 1838.*)

ART. 51.

Aucune stipulation d'intérêts ou commission de banque ne peut être consentie au profit d'un entrepreneur ou fournisseur, à raison d'emprunts temporaires ou d'avances de fonds pour l'exécution du service dans l'intérieur du royaume.

Prohibition des stipulations d'intérêts.

(*Article 41 de l'ordonnance du 31 mai 1838.*)

Toutefois cette disposition n'exclut pas les allocations de frais et d'indemnités à raison de dépenses qui ne peuvent être prévues dans les devis, et qui ne doivent pas rester à la charge des créanciers.

ART. 52.

Aucun marché, aucune convention pour travaux ou fournitures

Proportion des àcompte à stipuler sur le service fait.

ne doit stipuler d'à-compte que pour un service fait. Les à-compte ne doivent, dans aucun cas, excéder les cinq-sixièmes des droits constatés.

(*Article 42 de l'ordonnance du 31 mai 1838.*)

ART. 53.

Travaux
de bâtiments.

Aucune dépense pour réparation ou entretien des bâtiments du ministère et des bureaux ne peut avoir lieu avant que les devis estimatifs aient été approuvés par le ministre.

ART. 54.

Il y a exception en ce qui concerne les réparations dites locatives, lorsqu'elles ne changent rien aux distributions ni aux décorations tant intérieures qu'extérieures; dans ce cas, elles sont exécutées en vertu de bons délivrés par les chefs de service et visés par le chef du secrétariat.

TITRE III.

DE LA CONSTATATION DES DROITS DES CRÉANCIERS, ET DE LA LIQUIDATION DÉFINITIVE DES DÉPENSES.

ART. 55.

Droits des créanciers.

Aucun payement ne pouvant être effectué que pour l'acquittement d'un service *fait*, la constatation des droits des créanciers précède toujours l'émission des ordonnances ou mandats de payement.

ART. 56.

Constatation des droits.

Cette constatation, établie sous la responsabilité de l'ordonnateur de la dépense, résulte des pièces justificatives par lui dûment arrêtées et annexées à l'ordonnance ou au mandat de payement, ainsi qu'il est prescrit à la nomenclature placée à la suite du présent règlement.

ART. 57.

Pièces à produire.

Les pièces sont produites en double expédition, et vérifiées à la division de comptabilité.

Lorsque la dépense donne lieu à une ordonnance de délégation, la première expédition est remise au payeur avec le mandat de payement.

La seconde est jointe au *bordereau détaillé* des mandats collectifs et individuels transmis chaque mois au ministre, conformément à l'article 155 ci-après.

Art. 58.

Toutes les dépenses doivent être définitivement liquidées avant l'expiration du neuvième mois (30 septembre) de la seconde année de l'exercice auquel elles appartiennent.

Liquidation.

(*Article 90 de l'ordonnance du* 31 *mai* 1838.)

Les liquidations sont faites par trimestre, par mois ou pour chaque affaire, selon la nature du service, soit pour chaque espèce de dépense, soit pour chaque créancier ou établissement. Chaque liquidation est arrêtée par le ministre.

Art. 59.

Les titres de chaque liquidation doivent offrir les preuves des droits acquis aux créanciers, et être rédigés dans la forme déterminée par les règlements spéciaux à chaque service.

(*Article* 40 *de l'ordonnance du* 31 *mai* 1838.)

Si quelques dépenses n'étaient pas justifiées dans les délais prescrits par les règlements applicables à chaque service, les ordonnateurs secondaires et les chefs de service rendraient compte au ministre des diligences par eux faites auprès des créanciers, et des causes du retard apporté dans la production des pièces justificatives.

Art. 60.

Les formalités de la liquidation sont applicables aux dépenses qui, bien que concernant des services effectués pendant le cours de l'exercice, ne pourraient être ordonnancées par insuffisance des crédits, et qui devront faire partie des restes à payer du compte général de l'exercice.

Art. 61.

Il est établi, dans les cas de trop perçu, déficit, etc., dont le montant n'aurait pu être recouvré avant la clôture financière de l'exercice, des liquidations spéciales de *débet*.

Liquidation en cas de débet.

Quant au recouvrement des débets, il est poursuivi dans les formes déterminées par l'article 128 du présent règlement.

ART. 62.

Les décisions rendues par le ministre en matière contentieuse, et régulièrement notifiées, ne peuvent être attaquées que dans la forme et dans les délais déterminés par le décret du 22 juillet 1806.(1).

Sont exceptées seulement les réclamations appuyées de nouveaux titres ou ayant pour objet le redressement d'erreurs matérielles ; elles ne sont toutefois admissibles que dans les délais fixés par l'article 138 ci-après.

TITRE IV.

ORDONNANCEMENT DES DÉPENSES.

ART. 63.

L'ordonnancement doit toujours précéder le payement.

Aucune dépense faite pour le compte du ministère de l'instruction publique ne peut être acquittée, si elle n'a été préalablement ordonnancée par le ministre ou mandatée par un ordonnateur secondaire, en vertu de ses délégations.

(*Article 58 de l'ordonnance du 31 mai 1838.*)

ART. 64.

Délai pour l'ordonnancement des dépenses.

Toutes les dépenses d'un exercice doivent être ordonnancées avant l'expiration du neuvième mois (30 septembre) de la seconde année dudit exercice.

(*Article 90 de l'ordonnance du 31 mai 1838.*)

ART. 65.

Ordonnances ministérielles.

Les actes par lesquels le ministre de l'instruction publique dispose, sur le trésor public, des crédits qui lui sont ouverts, prennent le nom d'*ordonnances ministérielles*.

ART. 66.

Conditions auxquelles les ordonnances sont soumises.

Les ordonnances ministérielles, pour être admises par le ministre des finances, doivent être imputées sur un crédit législatif ou sur un

---

(1) ART. 11. « Le recours au conseil d'État contre la décision d'une autorité qui y ressortit ne « sera pas recevable après trois mois du jour où cette décision aura été notifiée. » (*Bulletin des lois,* *4e série, tome V, page 339.*)

crédit supplémentaire ou extraordinaire accordé par une ordonnance du Roi, dans les cas prévus, et se renfermer dans les limites des distributions mensuelles de fonds.

Elles doivent être signées par le ministre de l'instruction publique, ou, en cas d'empêchement, par le ministre secrétaire d'État qui le supplée, et énoncer l'exercice et le chapitre auxquels elles s'appliquent.

(*Articles* 59 *et* 61 *de l'ordonnance du* 31 *mai* 1838.)

ART. 67.

Les ordonnances ministérielles se divisent en *ordonnances de payement* et en *ordonnances de délégation*.

Les ordonnances de payement (*Modèle n° 1*) sont celles que le ministre délivre directement au nom d'un ou de plusieurs créanciers.

Les ordonnances de délégation (*Modèle n° 2*) sont celles par lesquelles le ministre autorise les ordonnateurs secondaires à disposer d'une partie de ses crédits par des mandats de payement, au profit ou au nom d'un ou de plusieurs créanciers.

Division des ordonnances en ordonnances de payement et en ordonnances de délégation.

(*Article* 60 *de l'ordonnance du* 31 *mai* 1838.)

ART. 68.

Les ordonnances et mandats doivent désigner la partie prenante par son nom, et au besoin par ses prénoms, si sa qualité, qui doit aussi y être indiquée, ne suffisait pas pour constater l'individualité.

Toutefois, lorsque l'intérêt du service l'exige, le chef ou l'agent d'un établissement peut être indiqué comme partie prenante sur les ordonnances ou mandats délivrés au profit de cet établissement, sans qu'il soit nécessaire de le désigner *nominativement* et autrement que par son titre.

Dans ce cas, la signature et la qualité de la partie prenante sont certifiées par l'autorité compétente.

ART. 69.

Les préfets sont les ordonnateurs secondaires du département de l'instruction publique.

Art. 70.

Les ordonnances de délégation peuvent être délivrées par article ou par chapitre du budget, ou comprendre plusieurs articles d'un même chapitre; les ordonnances de payement ne peuvent être délivrées que par chapitre et article.

Lorsqu'une ordonnance de payement ou de délégation comprend plusieurs départements, elle est accompagnée d'extraits certifiés de cette ordonnance, qui sont adressés par le trésor aux payeurs des départements, et leur tiennent lieu de l'ordonnance du ministre (*Modèles n°s 3 et 4*).

Art. 71.

Destination des ordonnances ministérielles. Les ordonnances ministérielles sont transmises au ministre des finances, auquel il appartient de prendre les mesures nécessaires pour en faire effectuer le payement.

(*Article 68 de l'ordonnance du 31 mai 1838.*)

Art. 72.

Notification des ordonnances ministérielles. Des avis ou extraits d'ordonnances sont délivrés ,

1° En ce qui concerne les ordonnances de payement, aux parties prenantes, pour leur conférer un titre qui les autorise à se présenter aux caisses publiques dans les délais fixés (*Modèle n° 5*) ;

2° En ce qui concerne les ordonnances de délégation, aux ordonnateurs secondaires, pour leur faire connaître les crédits qui leur sont ouverts, et en vertu desquels ils peuvent délivrer aux parties prenantes des mandats de payement (*Modèle n° 6*).

Art. 73.

Quittances des parties prenantes. Les avis d'ordonnance de payement et les mandats des préfets sont disposés de manière à recevoir la quittance des parties prenantes, et sont remis aux ayants droit par les soins du ministre, des ordonnateurs secondaires, ou des recteurs des académies.

(*Article 63 de l'ordonnance du 31 mai 1838.*)

Art. 74.

Pièces justificatives à l'appui des ordonnances et mandats de payement. Tout extrait d'ordonnance de payement et tout mandat délivré en vertu d'une ordonnance de délégation doivent, pour être payés par l'une des caisses du trésor public, être appuyés des pièces qui constatent que leur effet est d'acquitter, en tout ou en partie, une dette de l'État régulièrement justifiée. Ces pièces sont déterminées, par nature de service, dans la nomenclature annexée au présent règlement et concertée avec le ministre des finances.

(*Articles* 64 *et* 65 *de l'ordonnance du* 31 *mai* 1838.)

La production des pièces de dépenses ne s'effectue légalement que par l'envoi direct ou le dépôt au ministère de l'instruction publique, ou par la remise au préfet, des comptes, factures, marchés ou conventions et autres documents exigés par les règlements.

ART. 75.

Le ministre joint les pièces justificatives aux ordonnances de payement qu'il transmet au ministre des finances; les ordonnateurs secondaires les annexent aux bordereaux d'émission de mandats qu'ils adressent aux payeurs, en exécution de l'article 86 ci-après.

Adjonction des pièces aux ordonnances directes ou aux bordereaux d'émission de mandats.

Lorsque plusieurs pièces justificatives sont produites à l'appui d'une ordonnance ou d'un mandat, elles doivent être énumérées dans un bordereau (*Modèle n° 7*).

(*Article* 62 *de l'ordonnance du* 31 *mai* 1838.)

ART. 76.

Lorsque les pièces mentionnées à l'article précédent ont déjà été produites à l'appui des ordonnances ou mandats d'à-compte ou d'avance, il suffit de rappeler cette production dans l'ordonnance ou le mandat pour solde, en ayant soin d'y indiquer les numéros des ordonnances ou mandats auxquels les pièces ont été annexées, afin de faciliter la recherche des documents justificatifs.

ART. 77.

En cas de perte d'un avis d'ordonnance de payement ou d'un mandat, il en est délivré un duplicata sur la demande motivée de la partie intéressée, et d'après l'attestation écrite du payeur, portant que l'ordonnance ou le mandat n'a été acquitté ni par lui, ni, sur son visa, par un autre comptable.

Perte d'un avis d'ordonnance ou d'un mandat.

ART. 78.

Les crédits délégués à chaque ordonnateur secondaire pour le même exercice et pour le même service sont successivement ajoutés

Cumulation des crédits de délégation.

les uns aux autres, et forment, ainsi cumulés, un crédit unique par chapitre ou par fraction de chapitre, selon le mode d'après lequel ils ont été ouverts.

Art. 79.

Interdiction du changement d'affectation des crédits de délégation.

Les crédits de délégation étant spécialement ouverts pour chaque nature de dépense, les ordonnateurs secondaires ne peuvent, pour quelque motif que ce soit, en changer l'affectation; ils ne peuvent non plus, dans aucun cas, en outre-passer le montant.

Art. 80.

Crédit de délégation ouvert pour un chapitre sans distinction d'article.

Lorsqu'un crédit de délégation est ouvert pour un des chapitres du budget, et sans distinction spéciale d'article, il peut servir à l'ordonnancement de toutes les dépenses comprises dans ce même chapitre; mais, lorsque cette ordonnance porte l'indication d'un article ou d'un service, il ne peut être appliqué à un autre, quoique faisant partie du même chapitre.

Art. 81.

Cas d'absence des titulaires des crédits de délégation.

Lorsqu'un ordonnateur secondaire est remplacé par un intérimaire, ce dernier dispose des crédits ou portions de crédits ouverts à celui dont il remplit les fonctions.

Sa signature doit être préalablement accréditée près du payeur.

L'usage d'une griffe est interdit.

Art. 82.

Ordonnateur secondaire succédant à un autre.

L'ordonnateur secondaire qui succède immédiatement à un autre devient titulaire des crédits ouverts à son prédécesseur, comme s'ils avaient été ouverts à lui-même.

Art. 83.

Durée des crédits de délégation.

Tout crédit de délégation ouvert pour servir à l'acquittement des dépenses d'un exercice est valable, quelle que soit sa date, et sauf annulation expresse, savoir:

1° Pour le *mandatement*, jusqu'au dernier jour inclus du neuvième mois (30 septembre) de la seconde année de l'exercice;

2° Pour le *payement*, jusqu'au dernier jour inclus du dixième mois (31 octobre) de ladite année.

A l'expiration de ce dernier délai, les crédits ou portions de crédits qui n'ont point été employés cessent d'être à la disposition des ordonnateurs secondaires et font retour au crédit du service.

Art. 84.

Les mandats de payement à émettre en vertu des ordonnances de délégation sont délivrés par article et par partie prenante, soit individuelle, soit collective.

Mandats de payement.

Art. 85.

Les mandats de payement sont établis dans la forme du *modèle n° 8.* Ces mandats sont soumis à toutes les dispositions relatives aux ordonnances de payement.

Art. 86.

Les ordonnateurs secondaires font parvenir, chaque soir, aux payeurs, des bordereaux par *exercice*, conformes au *modèle n° 9*, des mandats qu'ils ont délivrés sur leurs caisses dans la journée, et y joignent les pièces justificatives.

Les mandats ne doivent être remis aux parties prenantes qu'après l'envoi aux payeurs des bordereaux ci-dessus mentionnés.

Bordereaux détaillés d'émission de mandats.

Art. 87.

Les mandats payables hors de la résidence des payeurs leur sont envoyés par les ordonnateurs secondaires avec les bordereaux d'émission et les pièces justificatives. Les payeurs renvoient les mandats aux ordonnateurs, après y avoir apposé leur visa, et ceux-ci demeurent chargés d'en assurer la remise aux ayants droit.

(*Articles 62 et 63 de l'ordonnance du 31 mai 1838.*)

Visa des payeurs sur les mandats payables hors de leur résidence.

Art. 88.

Les ordonnateurs secondaires ne doivent opérer ou autoriser la remise d'aucun de leurs mandats qu'après avoir reconnu l'identité des ayants droit ou la régularité des pouvoirs de leurs représentants. Ils doivent aussi exiger des uns et des autres des récépissés mentionnant la résidence, afin de justifier, au besoin, de la direction donnée aux titres de payement.

Remise des mandats aux ayants droit.

Art. 89.

Bordereaux des mandats délivrés pendant le mois.

A l'expiration de chaque mois, les préfets adressent au ministère des bordereaux, par chapitre du budget (*Modèle n° 10*), de tous les mandats qu'ils ont délivrés pendant le mois expiré.

Art. 90.

Ordonnances et mandats payables jusqu'au 31 octobre de la seconde année de l'exercice.

Les ordonnances et mandats de payement sont payables, par le trésor public, jusqu'au 31 octobre de la seconde année de l'exercice, et jusqu'au 20 octobre seulement, dans les arrondissements où il n'existe pas de payeur du trésor.

(*Article 91 de l'ordonnance du 31 mai 1838.*)

Art. 91.

Bordereaux des ordonnances ou mandats non payés

Dans les cinq premiers jours du mois de novembre de la seconde année de l'exercice, les payeurs adressent aux préfets, qui les transmettent au ministre, les bordereaux (*Modèles n°s 11 et 12*) des parties prenantes qui ne se sont pas présentées à leurs caisses avant la clôture des payements, pour y toucher le montant des ordonnances ou des mandats délivrés en leur nom; ces bordereaux sont remplacés par des états négatifs, lorsqu'ils n'ont à constater aucun reste à payer.

Art. 92.

Annulation des ordonnances et mandats non acquittés.

Les ordonnances et mandats non acquittés aux époques fixées par l'article 90 ci-dessus pour la clôture des payements sont annulés, sans préjudice des droits des créanciers, et sauf réordonnancement jusqu'au terme de déchéance, conformément aux règles établies pour l'apurement des exercices clos.

(*Article 92 de l'ordonnance du 31 mai 1838.*)

Art. 93.

Annulation de crédits sans emploi, dans le cours d'un exercice.

Lorsque, dans le cours d'un exercice, l'ordonnateur secondaire reconnaît qu'il ne doit pas être fait emploi de tout ou partie d'un crédit de délégation, il en informe sur-le-champ le ministre, sans attendre l'époque fixée par les articles qui précèdent. Il lui adresse, à cet effet, un bordereau de crédit sans emploi (*Modèle n° 13*), visé par le payeur.

Art. 94.

Le ministre de l'instruction publique adresse successivement au ministre des finances des bordereaux (*Modèle n° 14*) portant annulation de toutes les ordonnances ou portions d'ordonnances de payement ou de délégation dont il ne doit pas être fait emploi, d'après les renseignements qui lui sont parvenus.

Transmission au ministre des finances des bordereaux portant annulation des crédits sans emploi.

Il est passé immédiatement écriture de ces annulations au ministère de l'instruction publique.

(*Article 93 de l'ordonnance du 31 mai 1838.*)

TITRE V.

PAYEMENTS.

Art. 95.

Les ordonnances du ministre et les mandats des ordonnateurs secondaires ont pour objet des payements d'*à-compte*, des payements par *avance*, et des payements pour *dépense intégrale* ou pour *solde*.

Distinction des payements.

Art. 96.

Les ordonnances et mandats délivrés pour un service *en cours d'exécution* donnent lieu aux payements d'*à-compte*.

Les payements d'à-compte à faire avant liquidation ne doivent, dans aucun cas, excéder les *cinq-sixièmes* des droits constatés.

(*Article 42 de l'ordonnance du 31 mai 1838.*)

Maximum des payements d'à-compte fixé aux cinq-sixièmes des droits constatés.

Art. 97.

Les ordonnances et mandats délivrés pour *à-compte* doivent être appuyés des marchés ou conventions.

Pièces à produire à l'appui des payements d'à-compte.

Lorsqu'une même dépense donne lieu à la délivrance de plusieurs ordonnances ou mandats d'à-compte, la production des marchés ou conventions n'est obligatoire que pour le premier payement; à l'égard des à-compte subséquents, il suffit de produire le décompte du service fait et de rappeler les justifications déjà fournies, en indiquant le montant des à-compte précédemment payés.

A moins de décision contraire, il ne peut être fait aucun payement aux entrepreneurs et fournisseurs assujettis à un cautionnement matériel, avant qu'ils aient justifié de la réalisation dudit cautionnement.

Art. 98.

Payéments d'a-
vance pour des ser-
vices spéciaux.

Des payements à titre d'*avance* peuvent être faits par exception aux inspecteurs généraux, aux recteurs et inspecteurs des académies et autres fonctionnaires, pour frais de tournées ou missions.

Art. 99.

Avances aux
agents des services
régis par économie.

Pour faciliter l'exploitation des services administratifs régis par économie, il peut être fait aux agents spéciaux de ces services, sur ordonnances du ministre ou sur mandats des préfets, et sans justifications préalables, l'avance d'une somme qui ne doit pas excéder 20,000 francs pour chacun ; mais sous la condition expresse de rapporter aux payeurs, avant de toucher une nouvelle avance, et dans le délai d'*un mois*, la justification complète de l'emploi des fonds précédemment avancés, c'est-à-dire les quittances des créanciers réels et les autres pièces de dépenses exigées par la nomenclature annexée au présent règlement.

Le montant de toute avance ou portion d'avance, dont l'emploi ne serait pas justifié à l'expiration de ce délai, est immédiatement reversé dans une caisse publique, suivant les formes déterminées par l'article 122 ci-après.

(*Article 72 de l'ordonnance du 31 mai 1838.*)

Art. 100.

Division de la
somme de 20,000ᶠ
en plusieurs avan-
ces.

La somme de 20,000 francs est, autant que possible, divisée en plusieurs avances ; dont chacune doit être justifiée dans le mois de sa date, sans que, durant cet intervalle, la non-justification d'une avance antérieure puisse mettre obstacle à l'obtention d'une nouvelle avance, pourvu que, réunies, elles n'excèdent pas la limite de 20,000 francs.

La première avance s'obtient sur une copie de l'arrêté de l'ordonnateur qui l'autorise, indiquant approximativement le montant de la dépense à faire ; les avances subséquentes n'ont lieu que sur la production d'une demande de l'agent spécial du service, arrêtée par l'ordonnateur, lequel doit certifier que le nouveau payement ne portera pas la somme avancée au delà de la limite ci-dessus rappelée.

(*Article 72 de l'ordonnance du 31 mai 1838.*)

Art. 101.

Les agents spéciaux des services régis par économie forment des bordereaux, en triple expédition (*Modèle n° 15*), des pièces et quittances fournies par les parties prenantes; ils les soumettent à la vérification et au visa de l'ordonnateur, et les adressent ensuite, avec lesdites pièces et quittances à l'appui, aux payeurs, qui leur remettent une expédition desdits bordereaux, après l'avoir revêtue de leur déclaration de réception.

Bordereaux de pièces justificatives des avances.

Ces bordereaux présentent les dépenses dans l'ordre établi par la nomenclature des pièces à produire aux payeurs.

Art. 102.

En cas de retard, de la part d'un agent de service régi par économie, dans la remise des pièces dont il doit la justification au payeur, ce comptable s'adresse à l'ordonnateur, qui est tenu, sous sa responsabilité, de prendre les dispositions nécessaires pour faire cesser ce retard.

Retard dans la remise des pièces aux payeurs.

Art. 103.

Si les *à-compte* ou les *avances* excèdent la dépense réellement effectuée, les pièces justificatives qui auraient dû accompagner l'ordonnance ou le mandat de parfait payement sont remises au payeur par l'ordonnateur dès à-compte ou avances, pour être rattachées à la dernière ordonnance ou au dernier mandat, dont le numéro et la date sont indiqués, à cet effet, sur le bordereau renfermant lesdites pièces. Le trop perçu est immédiatement reversé, et la déclaration de reversement est jointe aux pièces justificatives.

Art. 104.

Sont considérés comme régis par économie les établissements ou services ci-après, savoir :

Désignation des services régis par économie.

1° Le ministère de l'instruction publique, en ce qui concerne les dépenses d'administration centrale (personnel et matériel);

2° Les établissements scientifiques ou littéraires;

3° Les dépenses de matériel des académies et des facultés;

4° Les dépenses des écoles normales primaires.

Art. 105.

Incompatibilité des fonctions d'ordonnateur avec celles de comptable.

Les fonctions d'ordonnateur et d'administrateur sont incompatibles avec celles de comptable.

Tout agent chargé d'un maniement de deniers appartenant au trésor public est constitué comptable par le seul fait de la remise desdits fonds sur sa quittance ou son récépissé; aucune manutention de ces deniers ne peut être exercée, aucune caisse publique ne peut être gérée, que par un agent placé sous les ordres du ministre des finances, nommé par lui ou sur sa proposition, responsable envers lui de sa gestion, et justiciable de la Cour des comptes.

(*Article 67 de l'ordonnance du 31 mai 1838.*)

Art. 106.

Pièces à produire à l'appui des ordonnances et mandats pour payement *intégral* ou pour *solde*.

Les ordonnances et mandats délivrés soit pour le *payement intégral*, soit pour le *solde* d'un service fait, doivent être accompagnés des pièces justificatives établissant le droit du créancier, conformément à la nomenclature annexée au présent règlement.

Si quelques-unes de ces pièces ont été produites à l'appui des ordonnances ou mandats d'à-compte, il suffit de rappeler cette production dans l'ordonnance ou le mandat pour solde, en ayant soin d'y indiquer les numéros et dates des ordonnances ou mandats auxquels les pièces ont été annexées, afin de faciliter la recherche des documents justificatifs.

Art. 107.

Si, par suite d'insuffisance de crédit ou d'empêchement quelconque, une dépense ne pouvait être complétement soldée, et devait, par conséquent, figurer parmi les restes à payer de l'exercice, toutes les pièces justificatives n'en devraient pas moins être adressées au payeur avant la clôture de l'exercice; dans ce cas, il serait fait mention de la direction donnée à ces pièces, sur l'ordonnance de solde à délivrer ultérieurement au titre des exercices clos.

En ce qui concerne les créances sur lesquelles il n'a été payé aucun à-compte, et qui doivent figurer pour leur montant intégral dans les restes à payer, les pièces sont conservées par l'ordonnateur, et ne sont produites au payeur qu'avec l'ordonnance délivrée au titre des exercices clos.

ART. 108.

Toute ordonnance de payement et tout mandat appuyés de justifications complètes et régulières, et qui n'excèdent pas la limite du crédit sur lequel ils doivent être imputés, sont payables par les agents du trésor public, sur la quittance de la partie prenante ou de son représentant dûment autorisé, dans les délais et dans les départements déterminés par l'ordonnateur sur la lettre d'avis ou sur le mandat.

(*Article 68 de l'ordonnance du 31 mai 1838.*)

ART. 109.

Toutes les fois que le timbre est exigible d'après les lois et règlements, et notamment pour les justifications relatives au payement des fournitures excédant *dix francs*, il est à la charge des créanciers. La nomenclature des pièces à produire aux payeurs, annexée au présent règlement, spécifie celles de ces pièces qui doivent être revêtues de la formalité du timbre.

Timbre à la charge des créanciers.

(*Articles 12, 16 et 29 de la loi du 13 brumaire an VII (1).*)

(1) Extrait de la loi du 13 brumaire an VII :

Art. 12. « Sont assujettis au droit du timbre établi, en raison de la dimension, tous les papiers « à employer pour les actes et écritures, soit publics, soit privés, savoir :

. . . .

« Les actes des autorités constituées administratives qui sont assujettis à l'enregistrement, ou qui « se délivrent aux citoyens, et toutes les expéditions et extraits des actes, arrêtés et délibérations des- « dites autorités qui sont délivrés aux citoyens ;

. . . .

« Et généralement tous actes et écritures, extraits, copies et expéditions, soit publics, soit privés, « devant ou pouvant faire titre, ou être produits pour obligation, décharge, justification, demande ou « défense.

. . . .

Art. 16. « Sont exceptés du droit et de la formalité du timbre, savoir :

. . . .

« Les minutes de tous les actes, arrêtés, décisions et délibérations de l'administration publique en « général, et de tous établissements publics, dans tous les cas où aucun de ces actes n'est sujet à « l'enregistrement sur la minute, et les extraits, copies et expéditions qui s'expédient ou se délivrent « par une administration ou un fonctionnaire public, à une autre administration publique ou à un « fonctionnaire public, lorsqu'il y est fait mention de cette destination ;

. . . .

« Tous les comptes rendus par les comptables publics ;

. . . .

« Les quittances de traitements et émoluments des fonctionnaires et employés salariés par l'État ;

. . . .

Art. 110.

Saisies-arrêts ou oppositions.

Toutes saisies-arrêts ou oppositions sur des sommes dues par l'État, toutes significations de cession ou transport desdites sommes, et toutes autres ayant pour objet d'en arrêter le payement, doivent être faites entre les mains des payeurs, agents ou préposés sur la caisse desquels les ordonnances ou mandats sont délivrés.

Néanmoins, à Paris, et pour tous les payements à effectuer à une caisse du payeur central du trésor public, elles sont exclusivement faites entre les mains du conservateur des oppositions au ministère des finances.

Sont considérées comme nulles et non avenues toutes oppositions ou significations faites à toutes autres personnes que celles ci-dessus indiquées.

(*Article* 125 *de l'ordonnance du* 31 *mai* 1838.)

Art. 111.

Lorsqu'il a été mis opposition entre les mains du payeur au payement des sommes dues à un entrepreneur, si le cahier des charges ou le marché stipule qu'en cas d'opposition les sommes à payer seront versées à la caisse des dépôts et consignations, le versement s'effectue immédiatement, au moyen de mandats au nom du receveur général.

Mais, si le cahier des charges ou le marché ne prévoit pas le cas de l'existence d'oppositions, ou s'il n'y a ni cahier des charges ni marché, le versement ne peut être effectué qu'après avoir été ordonné par

---

« Les quittances des secours payés aux indigents;

....

« Toutes autres quittances, même celles entre particuliers, pour créances en sommes non excédant « *dix francs*, quand il ne s'agit pas d'un à-compte ou d'une quittance finale sur une plus forte somme;

« Les engagements, enrôlements, congés, certificats, cartouches, passe-ports, quittances pour prêt « et fournitures, billets d'étapo, de subsistance et de logement, et autres pièces ou écritures concer- « nant les gens de guerre, tant pour le service de terre que pour le service de mer;

....

« Les registres de toutes les administrations publiques pour ordre et administration générale.

....

Art. 29. « Le timbre des quittances fournies à l'État ou délivrées en son nom est à la charge des « particuliers qui les donnent ou les reçoivent; il en est de même pour autres actes entre l'État et les « citoyens. »

....

(*Bulletin des lois*, 2ᵉ *série*, *tome VII*, n° 237.)

justice, d'après la demande portée devant les tribunaux par les créanciers ou par l'entrepreneur. Les mandats sont, dans ce cas, délivrés sur le payeur, au nom de l'entrepreneur, et le payeur qui a des oppositions entre les mains conserve les sommes mandatées jusqu'à ce que le dépôt en ait été autorisé par justice.

(*Décision du ministre des finances du 12 août 1839.*)

Art. 112.

Les saisies-arrêts ou oppositions formées au payement des sommes dues aux entrepreneurs de travaux publics ne peuvent empêcher l'acquittement des à-compte successivement ordonnancés ou mandatés au profit desdits entrepreneurs, que lorsque les créances des saisissants proviennent du salaire des ouvriers employés par lesdits entrepreneurs, ou de la fourniture des matériaux et autres objets servant à la confection des ouvrages.

(*Décret du 28 pluviôse an XI.*)

Les autres saisies-arrêts et oppositions faites à la requête des créanciers particuliers des entrepreneurs, quand bien même elles auraient été régulièrement validées, demeurent nulles et non avenues en ce qui touche au payement des à-compte; elles ne peuvent recevoir leur effet que sur les sommes qui restent dues aux entrepreneurs, après la réception des ouvrages.

Les mêmes règles s'appliquent aux oppositions qui auraient été ou seraient formées contre les entrepreneurs, au cas où les mandats se trouveraient délivrés au nom des régisseurs institués pour le compte de ces entrepreneurs.

Art. 113.

Les saisies-arrêts, oppositions ou significations, n'ont d'effet que pendant cinq années, à compter de leur date, si elles n'ont pas été renouvelées dans ledit délai, quels que soient d'ailleurs les actes, traités ou jugements intervenus sur lesdites oppositions ou significations.

En conséquence, elles sont rayées d'office des registres dans lesquels elles auraient été inscrites, et ne sont pas comprises dans les certificats prescrits par l'article 14 de la loi du 19 février 1792 et par les articles 7 et 8 du décret du 18 août 1807.

(*Article 126 de l'ordonnance du 31 mai 1838.*)

Art. 114.

Les dispositions de l'article précédent sont applicables aux saisies

arrêts, oppositions et autres actes ayant pour objet d'arrêter le payement des sommes versées, à quelque titre que ce soit, à la caisse des
dépôts et consignations et à celle de ses préposés.

Toutefois le délai de cinq ans fixé pour le renouvellement ne
court, pour les oppositions et significations faites ailleurs qu'à la caisse
des consignations ou à celle de ses préposés, que du jour du dépôt des
sommes grevées desdites oppositions et significations.

(*Article 11 de la loi du 8 juillet 1837.*)

Art. 115.

Proportions dans lesquelles les traitements, indemnités et gratifications des fonctionnaires et employés de l'instruction publique sont saisissables.

Les traitements des fonctionnaires et employés civils sont saisissables jusqu'à concurrence du *cinquième* sur les premiers 1,000 francs et
toutes les sommes au-dessous, du *quart* sur les 5,000 francs sui-
vants, et du *tiers* sur la portion excédant 6,000 francs, à quelque
somme qu'elle s'élève. Les indemnités et gratifications pour travaux
extraordinaires sont saisissables dans les mêmes proportions.

(*Décret du 24 ventôse an IX.*)

Art. 116.

Versement à la caisse des dépôts et consignations des créances frappées d'oppositions.

La portion saisissable des appointements ou traitements civils, arrêtée par des saisies-arrêts ou oppositions entre les mains des payeurs,
agents ou préposés sur la caisse desquels les ordonnances ou mandats
ont été délivrés, est versée d'*office*, et *à la fin de chaque mois*, par lesdits
payeurs, agents ou préposés, à la caisse des dépôts et consignations.

Le dépôt de toutes les autres sommes frappées de saisies-arrêts ou
oppositions ne peut être effectué à la caisse des dépôts et consignations
qu'autant qu'il a été autorisé par la loi, par justice ou par un acte
passé entre l'administration et ses créanciers.

Ces dépôts libèrent définitivement le trésor, de même que si le
payement avait été directement fait entre les mains des ayants droit.

(*Article 1er de l'ordonnance du 16 septembre 1837.*)

Art. 117.

Les dépôts effectués en exécution des deux premiers paragraphes
de l'article précédent devant toujours être accompagnés d'un extrait
des oppositions et significations existantes, lesquelles passent à la
caisse des dépôts et consignations avec les sommes saisies, le renouvellement prescrit par l'article 113 ci-dessus doit être fait entre les

mains du préposé de ladite caisse, chargé de recevoir et de viser les oppositions et significations.

Ce renouvellement doit également être fait entre les mains des payeurs, agents ou préposés du trésor public, lorsque lesdites oppositions et significations continuent à subsister entre leurs mains, à raison des payements à effectuer ultérieurement pour le compte de l'État.

(Articles 2 et 3 de l'ordonnance du 16 septembre 1837.)

Art. 118.

Les secours ne sont saisissables dans aucun cas.

(Avis du Conseil d'État des 11 janvier, 2 février et 24 juin 1808, et article 28 de la loi du 11 avril 1831.)

Secours insaisissables.

Art. 119.

Les pensions de retraite sont incessibles et insaisissables, excepté dans les cas prévus par les articles 203, 205 et 214 du Code civil.

Pensions incessibles et insaisissables.

Art. 120.

Le payement d'une ordonnance ou d'un mandat ne peut être suspendu par un payeur que pour cause d'omission ou d'irrégularité matérielle dans les pièces produites.

Refus de payement par un payeur.

Il y a irrégularité matérielle toutes les fois que la somme portée dans l'ordonnance ou le mandat n'est pas d'accord avec celle qui résulte des pièces justificatives y annexées, ou lorsque ces pièces ne sont pas conformes aux règlements et instructions.

En cas de refus de payement, le payeur est tenu de remettre immédiatement la déclaration écrite et motivée de son refus au porteur de l'ordonnance ou du mandat.

Si, malgré cette déclaration, le ministre ou l'ordonnateur secondaire requiert, par écrit et sous sa responsabilité, qu'il soit passé outre au payement, le payeur y procède sans autre délai, et en rend compte au ministre des finances.

Les ordonnateurs secondaires rendent compte immédiatement au ministre des circonstances et des motifs qui ont nécessité, de leur part, l'application de cette mesure.

(Article 69 de l'ordonnance du 31 mai 1838.)

ART. 121.

Bordereaux sommaires des payements.

Dans les cinq premiers jours de chaque mois, les payeurs remettent aux ordonnateurs secondaires le bordereau sommaire par exercice (*Modèle n° 16*) des payements effectués pendant le mois précédent, soit sur ordonnances, soit sur mandats.

Ces bordereaux, revêtus du visa des ordonnateurs, sont mis à l'appui des relevés mensuels dont il est fait mention à l'article 89 ci-dessus.

Si aucun payement n'avait été effectué, il devrait être produit un bordereau négatif, rappelant les payements effectués antérieurement, et indiquant les changements d'imputation qui auraient pu avoir lieu pendant le mois.

(*Article 251 de l'ordonnance du 31 mai 1838.*)

ART. 122.

Mode de reversement des avances et trop payés sur ordonnances ou mandats.

Les reversements de fonds provenant, soit de restitutions pour cause de trop payé à des créanciers de l'État, soit de remboursements d'avances concernant des services régis par économie, ou dont la dépense n'a pu être établie qu'approximativement, doivent être effectués en vertu d'un ordre de reversement (*Modèle n° 17*).

Les reversements ont exclusivement lieu à la caisse centrale du trésor public, et à celles des receveurs généraux ou particuliers des finances ; le débiteur est tenu de rapporter, pour sa décharge, un récépissé à talon (1) de la somme par lui versée, lequel doit être immédiatement adressé au ministère (bureau de l'ordonnancement et des écritures centrales). Si la somme versée doit donner lieu à l'annulation de tout ou partie d'un mandat de payement, l'envoi du récépissé est accompagné d'une ampliation de l'ordre de reversement.

ART. 123.

Constatation des débets par le ministère de l'instruction publique.

Les reversements, dans les cas prévus par l'article précédent, sont suivis à la diligence du ministre ou des ordonnateurs secondaires.

---

(1) *Article 1ᵉʳ de la loi du 24 avril 1833 :*

«Tout versement en numéraire ou autres valeurs fait aux caisses du caissier central du trésor public, à Paris, et à celles des receveurs généraux et particuliers des finances, pour un service public, donnera lieu à la délivrance immédiate d'un récépissé à talon.

«Ce récépissé sera libératoire, et formera titre envers le trésor public, à la charge toutefois, par la partie versante, de le faire viser et séparer de son talon, à Paris, immédiatement, et dans les départements, dans les vingt-quatre heures de sa date, par les fonctionnaires et agents administratifs chargés de ce contrôle.»

Si le débiteur refuse de se libérer, il est statué par le ministre, et l'arrêté qui constate le débet est transmis au ministre des finances, qui en fait poursuivre le recouvrement par l'agent judiciaire du trésor. Si la contestation est du ressort des tribunaux, l'instance est suivie par le ministre de l'instruction publique ou par ses délégués, et le jugement de condamnation est également adressé au ministre des finances, pour être remis à l'agent judiciaire chargé d'en suivre l'effet.

Art. 124.

Lorsque les reversements sont applicables à des payements faits sur un *exercice encore ouvert,* leur montant peut être rétabli, jusqu'à due concurrence, au crédit du service.

Rétablissement de crédits par virement de compte.

Ce rétablissement est opéré, à titre de virement de compte, par les soins du ministre des finances, sur la production qui lui est faite, par le ministre de l'instruction publique, du récépissé du comptable qui a reçu les fonds, et d'un bordereau (*Modèle n° 18*) indiquant, 1° la date et le numéro de l'ordonnance ou du mandat sur lequel porte la restitution; 2° le payeur qui a acquitté la somme reversée; 3° les causes qui rendent nécessaire le rétablissement de cette somme au crédit du ministre de l'instruction publique.

(*Article 17 de l'ordonnance du 31 mai 1838.*)

Art. 125.

Lorsqu'une dépense a reçu une imputation qui ne peut être régulièrement maintenue, et que cette dépense est comprise dans les comptes arrêtés d'une gestion expirée, il est établi un état de changement d'imputation, lequel est transmis au ministère des finances, pour être compris dans les virements de compte de l'exercice; quand il s'agit, au contraire, d'un payement compris dans une gestion courante, il est remis au payeur, par l'ordonnateur secondaire qui a délivré le mandat objet du virement, un certificat de réimputation (*Modèle n° 19*); ce certificat est ensuite adressé au trésor par le comptable, pour être joint au mandat primitif.

Virements de service à service.

Art. 126.

Les reversements de fonds opérés après la clôture d'un exercice sont effectués au profit du trésor public ou du service départemental.

Reversements sur exercices clos.

(*Article 16 de l'ordonnance du 31 mai 1838.*)

Art. 127.

Le ministre de l'instruction publique ordonnance au profit du trésor la valeur ou le prix de loyer de tous les objets mis à sa disposition par d'autres ministères, pour le service de son département.

Le remboursement des avances faites par un autre ministère à celui de l'instruction publique est également l'objet d'ordonnances délivrées au profit du ministère qui les a effectuées; réciproquement, le ministre de l'instruction publique obtient, au moyen d'ordonnances de virement, le rétablissement à son crédit du montant des avances qu'il a faites à un autre département ministériel.

Si ce rétablissement ne pouvait plus, en raison de la clôture de l'exercice, avoir lieu au crédit du ministère créancier, les ordonnances de remboursement seraient délivrées au profit du trésor.

(Article 19 de l'ordonnance du 31 mai 1838.)

Art. 128.

En cas de débet pour trop perçu, déficit, etc., ou toute autre circonstance donnant ouverture à une créance au profit de l'État, il en est donné avis immédiatement à la comptabilité centrale de l'instruction publique, qui notifie ce débet et en produit les justifications au ministère des finances, pour en faire poursuivre le recouvrement au profit de l'État par l'agent judiciaire du trésor public.

Sont néanmoins exceptés les débets pour lesquels le ministre de l'instruction publique aurait des moyens de recouvrement par voie de retenue ou d'imputation.

TITRE VI.

DES DÉPENSES DES EXERCICES CLOS.

Art. 129.

Toute créance qui n'a pas été acquittée sur les crédits de l'exercice auquel elle se rapporte ne peut plus être ordonnancée qu'à titre de rappel sur exercices clos, et d'après les règles spéciales déterminées par le présent titre pour le payement des dépenses de cette nature.

Art. 130.

Aussitôt que le compte définitif d'un exercice est établi, le ministre fait dresser l'état nominatif des créances non payées à l'époque de la clôture dudit exercice. De semblables états sont formés pour les nouvelles créances qui seraient successivement ajoutées aux restes à payer en vertu de crédits spéciaux.

Ces états, établis en double expédition, sont adressés au ministre des finances, afin qu'il puisse vérifier si les créances ordonnancées s'appliquent réellement à des crédits laissés à la disposition du ministre de l'instruction publique.

(*Articles* 106 *et* 110 *de l'ordonnance du* 31 *mai* 1838.)

Art. 131.

Les dépenses qui, bien que liquidées en temps utile, n'ont pu être ordonnancées ou payées avant la clôture de l'exercice, et qui figurent parmi les restes à payer du compte général, sont ordonnancées sur l'exercice courant, avec imputation sur le chapitre ouvert au budget, pour mémoire et sans allocation spéciale, sous le titre de : *Dépenses des exercices clos.*

Les ordonnances à délivrer sur l'exercice courant, par rappel sur les exercices clos, doivent être renfermées dans la limite du montant, par chapitre, des dépenses restant à payer d'après les comptes à la clôture de l'exercice. Ces ordonnances rappellent le numéro afférent à chaque créancier dans l'état nominatif dressé en exécution de l'article précédent, et sont frappées d'un timbre spécial.

Le montant des payements effectués à ce titre pendant le cours de *chaque année* est porté au crédit du chapitre des dépenses des exercices clos, et compris parmi les crédits législatifs, lors du règlement de l'exercice.

(*Articles* 98 *et* 99 *de l'ordonnance du* 31 *mai* 1838.)

Mode de payement des créances comprises dans les restes à payer.

Art. 132.

Les créances qui, n'ayant pu être liquidées avant le 30 septembre de la seconde année de l'exercice, n'ont pas fait partie des restes à payer, ne sont susceptibles d'être acquittées qu'au moyen de crédits supplémentaires obtenus dans les formes déterminées par les articles 11, 12 et 13 ci-dessus du présent règlement.

(*Article* 100 *de l'ordonnance du* 31 *mai* 1838.)

Créances non comprises dans les restes à payer.

Art. 133.

Il est publié annuellement un tableau spécial qui présente, pour chacun des exercices clos, et par chapitre de dépense, les crédits an-

Comptes des exercices clos.

nulés par les lois de règlement pour les dépenses restant à payer, les nouvelles créances qui auraient fait l'objet de crédits supplémentaires, et les payements effectués jusqu'au terme de déchéance.

(*Article* 101 *de l'ordonnance du* 31. *mai* 1838.)

ART. 134.

Mode d'ordonnancement des restes à payer.

Les dépenses que les comptes généraux et définitifs présentent comme restant à payer à l'époque de la clôture d'un exercice, et qui ont été autorisées par des crédits régulièrement ouverts, peuvent être ordonnancées sur les fonds des budgets courants, avant que la loi de règlement de cet exercice ait été votée par les Chambres.

Les créances qui, bien que comprises dans les restes à payer, excéderaient la limite des crédits ouverts ne pourraient être ordonnancées qu'après le vote de la loi des comptes.

(*Article* 107 *de l'ordonnance du* 31 *mai* 1838.)

ART. 135.

Créances reconnues après la clôture de l'exercice, et concernant des services pour lesquels la loi réserve la faculté des crédits supplémentaires par ordonnances royales.

Les dépenses reconnues après la clôture d'un exercice, lorsqu'elles s'appliquent à des services pour lesquels la nomenclature de la loi annuelle de finances réserve la faculté des crédits supplémentaires, peuvent toujours être ordonnancées au moyen de crédits ouverts par ordonnances royales, sauf régularisation à la plus prochaine session des Chambres.

ART. 136.

Créances reconnues après la clôture de l'exercice, et concernant des services pour lesquels des crédits supplémentaires par ordonnances royales ne sont pas autorisés.

Les règles ci-après doivent être suivies pour l'acquittement des créances reconnues postérieurement à la clôture d'un exercice, et qui s'appliqueraient à des services pour lesquels la nomenclature de la loi de finances n'aurait pas autorisé l'ouverture, par ordonnances royales, de crédits supplémentaires :

1° Si les dépenses proviennent de services prévus au budget, et dont les crédits ont été annulés pour une somme égale ou supérieure au montant desdites dépenses, les nouveaux crédits nécessaires à leur payement sont ouverts par ordonnances royales, sauf régularisation à la plus prochaine session des Chambres ;

2° S'il s'agit de dépenses excédant les crédits législatifs primitivement ouverts, ces dépenses sont constatées et liquidées ; mais elles ne peuvent être ordonnancées qu'après l'ouverture, par la loi, des suppléments de crédits nécessaires.

(*Article* 108 *de l'ordonnance du* 31 *mai* 1838.)

Art. 137.

Les rappels de dépenses des exercices clos imputables sur les budgets courants sont ordonnancés nominativement. Les ordonnances ne sont valables que jusqu'à la fin de l'année pendant laquelle elles ont été émises. L'annulation en a lieu d'office par les agents du trésor, et le réordonnancement de ces rappels n'est effectué que sur une nouvelle réclamation des créanciers.

Mode d'ordonnancement et de payement des dépenses des exercices clos.

(*Article 109 de l'ordonnance du 31 mai 1838.*)

Art. 138.

Sont prescrites et définitivement éteintes au profit de l'État, sans préjudice des déchéances consenties par les marchés ou conventions, toutes créances qui, n'ayant pas été acquittées avant la clôture des crédits de l'exercice auquel elles appartiennent, n'auraient pu, à défaut de justifications suffisantes, être liquidées, ordonnancées et payées dans un délai de cinq années, à partir de l'ouverture de l'exercice, pour les créanciers domiciliés en Europe, et de six années, pour les créanciers résidant hors du territoire européen.

Prescription quinquennale.

(*Article 103 de l'ordonnance du 31 mai 1838.*)

Art. 139.

Les dispositions de l'article précédent ne sont pas applicables aux créances dont l'ordonnancement et le payement n'ont pu être effectués dans les délais déterminés par le fait de l'administration, ou par suite de pourvois formés devant le Conseil d'État.

Exceptions.

Tout créancier a le droit de se faire délivrer un bulletin énonçant la date de sa demande et les pièces produites à l'appui.

(*Article 104 de l'ordonnance du 31 mai 1838.*)

Art. 140.

Le bulletin que l'article 10 de la loi du 29 janvier 1831 prescrit de délivrer sur la réclamation des parties intéressées est dressé d'après les registres ou documents authentiques qui doivent constater, dans le ministère ou dans chaque administration, la production des titres de créances.

(*Article 105 de l'ordonnance du 31 mai 1838.*)

Art. 141.

A l'expiration de la période quinquennale fixée par l'article 9 de la loi du 29 janvier 1831 pour l'entier apurement des exercices clos, les crédits applicables aux créances restant encore à solder demeurent

Annulation, après cinq ans, des crédits applicables aux restes à payer.

définitivement annulés, et l'exercice, arrivé au terme de déchéance, cesse de figurer dans la comptabilité du ministère.

(*Article* 113 *de l'ordonnance du* 31 *mai* 1838.)

Art. 142.

Dépenses des exercices périmés. Les dépenses des exercices clos à solder postérieurement à l'époque ci-dessus, et provenant, soit de créances d'individus résidant hors du territoire européen, pour lesquelles une année de plus est accordée par la loi du 29 janvier 1831, soit de créances non passibles de la déchéance dans les cas prévus par l'article 10 de la même loi, ou qui sont soumises à des prescriptions spéciales, ne sont ordonnancées qu'après que des crédits extraordinaires spéciaux, par article, ont été ouverts à cet effet par ordonnance royale, sauf régularisation à la plus prochaine session des Chambres. Ces créances sont imputables sur le budget courant, à un chapitre spécial intitulé : *Dépenses des exercices périmés.* Si elles n'ont pas été payées à l'époque de la clôture de l'exercice sur lequel le crédit spécial a été ouvert, ce crédit est annulé, et le réordonnancement de ces créances ne peut avoir lieu qu'en vertu d'un nouveau crédit également applicable au chapitre des dépenses des exercices périmés.

(*Article* 114 *de l'ordonnance du* 31 *mai* 1838.)

Art. 143.

Toutes les dépenses des exercices clos et des exercices périmés sont soumises aux mêmes formalités que celles des exercices courants; de plus, l'administration doit toujours être à même d'indiquer les causes qui ont empêché d'opérer la liquidation avant l'expiration des délais de déchéance.

TITRE VII.

DES ÉCRITURES DE L'ADMINISTRATION CENTRALE ET DES ORDONNATEURS SECONDAIRES.

Art. 144.

Mode d'écritures de la comptabilité centrale du ministère. Les écritures de la comptabilité centrale du ministère de l'instruction publique sont tenues en partie double.

Elles embrassent tout ce qui concerne,

1° La fixation et la répartition des crédits ;

2° Les distributions mensuelles de fonds;

3° Les résultats successifs des droits constatés et des liquidations opérées;

4° L'ordonnancement des dépenses;

5° Les payements effectués;

6° Les opérations de virement résultant de transports de service à service, ou de reversements dans les caisses publiques;

7° Les annulations d'ordonnances et toutes autres modifications.

(*Article* 250 *de l'ordonnance du* 31 *mai* 1838.)

ART. 145.

Il est tenu à la comptabilité centrale un journal, un grand livre et des livres auxiliaires.

Le grand livre ne présente que des comptes généraux et des résultats sommaires, dont les développements sont consignés, par service et par ordonnateur secondaire, sur des livres dits *auxiliaires*.

(*Article* 250 *de l'ordonnance du* 31 *mai* 1838.)

ART. 146.

Il est établi, à l'époque du 1er de chaque mois, une balance générale des comptes du grand livre et des comptes de services.

Cette balance est adressée à la comptabilité générale des finances, pour lui donner les moyens d'en rattacher les résultats successifs à ses propres écritures.

> Envoi à la comptabilité générale des finances de la balance des écritures à la fin de chaque mois.

ART. 147.

Les ordonnateurs secondaires du ministère de l'instruction publique tiennent, par exercice, des journaux et registres qui sont totalisés par mois, et sur lesquels ils inscrivent respectivement, et par ordre de priorité, toutes les opérations concernant les dépenses de l'instruction publique auxquelles ils participent, savoir : les crédits de délégation, les droits constatés sur les services faits, les mandats délivrés et les payements effectués.

> Mode d'écritures des ordonnateurs secondaires.

(*Articles* 252, 253 *et* 255 *de l'ordonnance du* 31 *mai* 1838.)

ART. 148.

Les journaux et registres des ordonnateurs secondaires sont :

1° Un journal des crédits de délégation (*Modèle n°* 20);

2° Un journal des droits constatés (*Modèle n°* 21);

3° Un journal des mandats délivrés (*Modèle n° 22*);

4° Un sommier général ou livre de comptes par chapitres du bud-get (*Modèle n° 23*).

ART. 149.

Le *journal des crédits de délégation* reçoit l'enregistrement sommaire des extraits d'ordonnances, au fur et à mesure de leur arrivée dans les bureaux de l'ordonnateur.

ART. 150.

Le *journal des droits constatés* est destiné à l'enregistrement, par ordre de dates, des droits constatés au profit des créanciers.

ART. 151.

On inscrit successivement sur le *journal des mandats délivrés,* par ordre de dates et de numéros, tous les mandats individuels ou col-lectifs délivrés par l'ordonnateur secondaire.

ART. 152.

Le sommier général ou livre des comptes est établi par chapitre du budget.

Toutes les opérations et les renseignements inscrits par ordre chro-nologique, dans les trois journaux, sont reportés sur ce livre, par journée.

On y constate également les payements effectués sur mandats, d'après les bordereaux mensuels du payeur.

Ainsi le sommier général présente sous un seul aspect, et pour chaque chapitre, l'ensemble des crédits de délégation, des droits constatés, des mandats délivrés et des mandats payés.

(*Article 253 de l'ordonnance du 31 mai 1838.*)

ART. 153.

Les livres auxiliaires ou de développement des ordonnateurs secon-daires peuvent varier dans leur forme et dans leur nombre, selon l'exigence des services.

Ils sont principalement destinés à recevoir l'inscription successive, par créancier, par chapitre et article du budget, des crédits délégués, des droits constatés sur les services faits, des mandats délivrés et des payements effectués.

(*Articles* 254 *et* 255 *de l'ordonnance du* 31 *mai* 1838.)

Art. 154.

Les écritures pour annulations de crédits de délégation, de droits constatés, des mandats délivrés et des mandats payés, sont passées dans les livres, par voie de déduction, à la fin des mois pendant lesquels ces annulations ont été opérées.

Art. 155.

Dans les dix premiers jours de chaque mois, les ordonnateurs secondaires, après s'être assurés de la concordance des résultats du sommier avec ceux des journaux, adressent au ministre (comptabilité centrale et contentieux), savoir:

Relevés et bordereaux mensuels.

1° Un relevé mensuel par exercice (*Modèle n°* 10 *précité, article* 89), qui comprend la totalité des opérations effectuées depuis le premier jusqu'au dernier jour inclus du mois précédent;

2° Un bordereau détaillé (*Modèle n°* 24) des mandats collectifs et individuels délivrés pendant le mois sur la caisse du payeur, avec une expédition des pièces justificatives jointes à chaque mandat : le montant de ce bordereau doit toujours être identique avec le montant des mandats indiqué sur le relevé mensuel;

3° Le bordereau sommaire par exercice des payements effectués mentionné à l'article 121 ci-dessus.

L'envoi de ces relevés a lieu, séparément pour chaque exercice, de mois en mois, jusqu'à l'époque fixée pour la production du bordereau général et définitif des opérations de l'exercice.

(*Article* 256 *de l'ordonnance du* 31 *mai* 1838.)

Art. 156.

Les relevés mensuels présentent par chapitre du budget:

1° Le montant des crédits de délégation;

2° Les droits constatés au profit des créanciers de l'État, d'après les livres auxiliaires;

3° Le montant des mandats délivrés;

4° Celui des payements effectués.

Les bordereaux sommaires de payement mentionnés à l'article ci-dessus doivent toujours accompagner les relevés mensuels adressés au ministre.

(*Article 257 de l'ordonnance du 31 mai 1838.*)

Art. 157.

Avant le 15 novembre, les ordonnateurs secondaires envoient le *compte définitif et complet* des dépenses de l'exercice; ils y joignent le *bordereau général de clôture.*

Le compte présente:

1° Le développement, par chapitre, article et service, de toutes les dépenses effectuées jusqu'à la clôture de l'exercice;

2° Le montant, par chapitre, des crédits qui leur ont été successivement délégués jusqu'à ladite époque, pour acquitter ces dépenses;

3° Un état de comparaison, par chapitre, des crédits et des dépenses, dans lequel sont indiqués les excédants et les insuffisances de crédit.

Le bordereau général (*Modèle n° 25*) présente la récapitulation, par chapitre, des crédits délégués, des droits constatés, des mandats délivrés et des payements effectués, pendant la durée de l'exercice. Une colonne séparée y est établie pour l'inscription des sommes restant à payer à la clôture, d'après comparaison faite entre les droits constatés et les payements. Le détail de ces créances est porté, en outre, à la deuxième page du bordereau, dans un tableau de développement sur lequel sont indiqués les chapitres et services du budget, les noms et qualités des créanciers, l'objet et le montant de chaque créance.

Les résultats sommaires du compte définitif et ceux du bordereau général de clôture doivent être identiques, sous le rapport des crédits délégués et des droits constatés.

Art. 158.

Tous les journaux, livres et registres des ordonnateurs secondaires sont clos, balancés et dûment arrêtés, pour chaque exercice, dès que le ministre a notifié à ses ordonnateurs les résultats de la vérification de leur compte définitif.

Art. 159.

Les écritures de l'administration centrale sont définitivement closes au 31 décembre de la seconde année de l'exercice, époque à laquelle le compte est établi.

TITRE VIII.

DES COMPTES.

ART. 160.

Le compte général et définitif des dépenses de chaque exercice est établi au 31 décembre de la seconde année dudit exercice, au moyen des écritures officielles de la comptabilité centrale.

(Article 130 de l'ordonnance du 31 mai 1838.)

ART. 161.

Ce compte est imprimé et distribué aux Chambres. Il présente les mêmes divisions et les mêmes développements que le budget correspondant, sauf les dépenses extraordinaires qui n'auraient pas été mentionnées dans ce budget, lesquelles sont l'objet d'articles ou de chapitres additionnels et séparés.

Il se compose :

1° D'un tableau général présentant, par chapitre législatif, tous les résultats de la situation définitive de l'exercice expiré, lesquels servent de base à la loi proposée aux Chambres pour le règlement définitif du budget dudit exercice ;

2° D'un tableau spécial des crédits, indiquant leur origine ;

3° De développements destinés à expliquer, avec tous les détails propres à chaque nature de service, les dépenses liquidées, les payements effectués et les créances restant à solder à l'époque de la clôture de l'exercice ;

4° De la comparaison des dépenses faites et consommées avec les prévisions législatives ;

5° D'un état comparatif, par chapitre, des mêmes dépenses avec celles de l'exercice précédent, expliquant les causes des différences qui ressortent de cette comparaison.

(Articles 132 et 136 de l'ordonnance du 31 mai 1838.)

ART. 162.

Les comptes sont joints à la proposition de loi qui a pour objet le règlement définitif des budgets.

Ils sont publiés dans les deux premiers mois de l'année qui suit la clôture de l'exercice, si les Chambres sont assemblées, et, si elles ne le sont pas, dans le mois qui suit l'ouverture de leur session.

(*Articles 81 et 82 de l'ordonnance du 31 mai 1838.*)

Art. 163.

Documents divers à fournir aux Chambres.

Chaque année, le ministre de l'instruction publique fournit aux Chambres, indépendamment des documents spéciaux qui accompagnent les comptes d'exercice :

Situation provisoire de l'exercice courant.

1° La situation provisoire du budget de l'exercice courant, arrêtée au 31 décembre de la première année de cet exercice.

(*Article 136 de l'ordonnance du 31 mai 1838.*)

Compte des exercices clos.

2° Le compte d'apurement que la loi du 23 mai 1834 et l'article 133 du présent règlement prescrivent de publier pour les exercices clos.

(*Article 136 de l'ordonnance du 31 mai 1838.*)

État des marchés de 50,000 francs et au-dessus.

3° L'état sommaire de tous les marchés de 50,000 francs et au-dessus passés dans le courant de l'année échue.

Les marchés inférieurs à cette somme, mais qui s'élèveraient ensemble, pour des objets de même nature, à 50,000 francs et au-dessus, sont portés sur ledit état, qui indique le nom et le domicile des parties contractantes, la durée, la nature et les principales conditions du contrat.

(*Article 159 de l'ordonnance du 31 mai 1838.*)

État des logements.

4° L'état détaillé des logements accordés dans les bâtiments dépendant du ministère de l'instruction publique.

Cet état n'est pas nominatif, mais il indique la fonction ou le titre pour lequel le logement a été accordé.

(*Article 160 de l'ordonnance du 31 mai 1838.*)

Renseignements sur les souscriptions et sur les ouvrages imprimés ou gravés aux frais du Gouvernement.

5° Les renseignements sur les souscriptions aux ouvrages de science, de littérature et d'arts, et sur les ouvrages imprimés ou gravés aux frais du Gouvernement, prescrits par les lois des 31 janvier 1833, 23 mai 1834 et 10 août 1839.

(*Articles 156 et 157 de l'ordonnance du 31 mai 1838. — Articles 7 et 8 de la loi du 10 août 1839.*)

6° L'état des boursiers nommés dans les colléges royaux.

État des élèves boursiers dans les colléges royaux.

Cet état fait connaître les noms et prénoms des élèves, le lieu de leur naissance, et le titre sommaire à l'obtention de la bourse.

(*Article* 138 *de l'ordonnance du* 31 *mai* 1838.)

7° Le rapport dont la publication est prescrite par l'article 13 de la loi du 28 juin 1833, accompagné d'un état présentant, par département, l'indication des recettes et des dépenses allouées pendant l'année précédente pour l'instruction primaire.

Rapport sur les recettes et les dépenses de l'instruction primaire.

L'état des recettes indique d'une manière distincte les fonds provenant des votes des conseils municipaux et des conseils généraux, et ceux qui proviennent des impositions établies par ordonnances royales.

L'état des dépenses indique les diverses natures de dépenses, en distinguant les dépenses obligatoires des dépenses facultatives.

(*Article* 139 *de l'ordonnance du* 31 *mai* 1838.)

Art. 164.

La situation provisoire de l'exercice courant et tous les documents à établir au 31 décembre de chaque année doivent être publiés pendant le premier trimestre de l'année suivante.

Délai pour la publication des documents à établir au 31 décembre.

(*Article* 133 *de l'ordonnance du* 31 *mai* 1838.)

Art. 165.

Le mobilier fourni, soit par l'État, soit par les départements, à des fonctionnaires et à des établissements publics, est l'objet d'inventaires qui sont déposés aux archives du ministère des finances ou au secrétariat général des préfectures.

Inventaire du mobilier fourni aux fonctionnaires et aux établissements publics.

Ces inventaires doivent être récolés, à la fin de chaque année et à chaque mutation de fonctionnaire responsable, par les agents de l'administration des domaines, et en présence d'un commissaire désigné par les conseils généraux, pour le mobilier appartenant aux départements : les accroissements et diminutions survenus dans l'intervalle d'un récolement à l'autre doivent y être consignés.

(*Article* 162 *de l'ordonnance du* 31 *mai* 1838.)

TITRE IX.

RETENUES POUR LES CAISSES DE RETRAITE.

Art. 166.

Retenues sur les traitements fixes au profit des fonds de retraite.

Une retenue de 5 p. o/o est faite pour les caisses de retraite sur les traitements fixes des fonctionnaires, professeurs, régents et employés du département de l'instruction publique dont les services sont admis par les lois et règlements comme donnant droit à la pension, savoir :

Les membres du conseil royal de l'instruction publique ;

Les inspecteurs généraux des études ;

Les recteurs, inspecteurs et secrétaires des académies ;

Les professeurs et fonctionnaires des facultés ;

Les maîtres de conférences et les maîtres surveillants de l'école normale ;

Les professeurs et secrétaires des écoles de pharmacie ;

Les professeurs des écoles préparatoires de médecine et de pharmacie ;

Les proviseurs, censeurs, aumôniers, professeurs, maîtres d'étude, économes et premiers commis des économats des colléges royaux ;

Les agrégés ;

Les principaux, régents et maîtres d'étude des colléges communaux ;

Les agrégés-professeurs des colléges particuliers de plein exercice ;

Les directeurs et maîtres-adjoints des écoles normales primaires, lorsqu'ils ont antérieurement exercé des fonctions donnant droit à la pension ;

Les inspecteurs et sous-inspecteurs des écoles primaires ;

Les chefs et employés des bureaux du ministère.

Art. 167.

Le premier mois de traitement et d'augmentation de traitement est retenu, en outre, pour lesdites caisses, savoir :

Aux professeurs, suppléants et fonctionnaires des facultés ;

Aux secrétaires des facultés et des académies ;

Aux professeurs et secrétaires des écoles de pharmacie ;

Aux professeurs des écoles préparatoires de médecine et de pharmacie ;

Aux économes et premiers commis des économats des colléges royaux;

Aux inspecteurs et sous-inspecteurs des écoles primaires;

Aux chefs et employés des bureaux du ministère.

Les autres membres de l'Université ne sont soumis qu'à la retenue du premier mois d'augmentation de traitement.

Art. 168.

En raison de l'existence de plusieurs caisses de retraite pour le département de l'instruction publique et de leur spécialité individuelle, les retenues destinées à les alimenter continuent à être déduites des états de payement, et le montant en est directement ordonnancé par le ministre, au nom du caissier général de la caisse des dépôts et consignations, pour le compte de chaque caisse spéciale.

Retenues sur les traitements des fonctionnaires des colléges royaux et communaux versés directement dans les caisses des receveurs des finances.

Toutefois les traitements des fonctionnaires, professeurs, régents, maîtres et employés des colléges royaux et communaux, des professeurs des écoles préparatoires de médecine et de pharmacie, et des directeurs et maîtres-adjoints des écoles normales primaires, étant payés sur les ressources spéciales de ces établissements, les retenues sont versées dans les caisses des receveurs des finances, au compte des fonds de retraite des fonctionnaires de l'Université, et centralisées au trésor, qui en effectue le versement à la caisse des dépôts et consignations, sur mandats directs du ministre au profit de chaque caisse.

DEUXIÈME PARTIE.

COMPTABILITÉS SPÉCIALES

TITRE X.

COMPTABILITÉ DES PROPRIÉTÉS, FONDATIONS ET DOTATIONS DE L'INSTITUT.

---

§ Ier.

DISPOSITIONS GÉNÉRALES.

Art. 169.

Les propriétés, fondations et dotations de l'Institut, et les fonds y

Mode d'administration des fondations de l'Institut.

affectés, sont régis et administrés sous l'autorité du ministre de l'instruction publique, savoir :

1° Les *propriétés, fondations et dotations communes aux cinq académies*, par la commission centrale administrative de l'Institut;

2° Les *propriétés, fondations et dotations particulières des académies*, par une commission instituée chaque année à cet effet, et formée dans le sein de ces académies.

Art. 170.

Agent spécial responsable chargé de la gestion des fondations. L'agent spécial de l'Institut est chargé, sous la surveillance immédiate des commissions administratives, de la gestion des deniers et de la comptabilité des propriétés, fondations et dotations.

Cet agent est responsable de sa gestion; il fournit un cautionnement.

§ II.
RECETTES.

Art. 171.

Les recettes se composent,

1° Des capitaux provenant des fondations et dotations;

2° De l'intérêt de ces capitaux;

3° Du revenu des propriétés qui font partie des fondations et dotations.

Art. 172.

Rentrée de fonds placés. Aucune recette ni rentrée de fonds provenant des propriétés, fondations et dotations de l'Institut ne peut être effectuée par l'agent spécial qu'en vertu d'une autorisation délivrée et signée, savoir :

1° Pour *les fonds provenant de propriétés, fondations et dotations communes aux cinq académies* : par le président et par le secrétaire de la commission centrale administrative, ou, à défaut de ce dernier, par un autre membre de ladite commission;

2° Pour *les fonds provenant de propriétés, fondations et dotations particulières des académies* : par un des deux membres de la commission et par le secrétaire de l'académie.

§ III.

DÉPENSES.

ART. 173.

Les dépenses imputables sur le produit des propriétés, fondations et dotations de l'Institut sont ordonnées par les commissions administratives dans les limites des ordonnances qui ont autorisé les acceptations.

ART. 174.

Elles sont acquittées par l'agent spécial en vertu de mandats à talon délivrés au nom des créanciers, et signés, savoir :

Mode d'acquittement des dépenses.

1° Pour *les dépenses imputables sur les fonds provenant de propriétés, fondations et dotations communes aux cinq académies* : par le président et par le secrétaire de la commission centrale administrative, ou, à défaut de ce dernier, par un autre membre de ladite commission ;

2° Pour *les dépenses imputables sur les fonds provenant de propriétés, fondations et dotations particulières des académies* : par un des deux membres de la commission et par le secrétaire de l'académie.

ART. 175.

Les mandats délivrés par les membres délégués des commissions administratives font connaître,

1° La quotité de la somme à payer ;

2° La propriété, fondation ou dotation à laquelle se rattache la dépense ;

3° Les pièces justificatives à produire à l'appui du payement, conformément à la nomenclature prescrite par le ministre de l'instruction publique.

ART. 176.

L'agent spécial est responsable de toutes les sommes par lui recouvrées, de tous les placements ou retraits de fonds qu'il aurait faits sans l'autorisation des délégués des commissions administratives, et de toutes les sommes qu'il aurait payées sans un mandat de ces délégués, ou en sus du mandat, ou sans avoir exigé les pièces justificatives qui doivent être produites par les parties prenantes.

Responsabilité de l'agent.

Les pièces justificatives restent annexées au mandat.

Art. 177.

Le payement d'un mandat est suspendu par l'agent,

1° S'il n'est pas revêtu de toutes les formalités prescrites;

2° S'il y a omission ou irrégularité matérielle dans les pièces justificatives qui doivent être produites par les parties prenantes.

§ IV.

COMPTES ET ÉCRITURES.

Art. 178.

Comptabilité établie par gestion.

La comptabilité des fonds provenant des propriétés, fondations et dotations de l'Institut est établie par gestion annuelle, qui commence au 1er janvier et finit le 31 décembre suivant.

Art. 179.

Écritures en partie double.

Les écritures de cette comptabilité sont tenues en partie double; elles embrassent et décrivent toutes les opérations qui se rapportent, soit à l'actif ou au passif desdites propriétés, fondations et dotations, soit aux recettes et dépenses effectuées sur les fonds qui en proviennent.

Art. 180.

Établissement des comptes de la gestion.

Dans le courant du mois d'avril, l'agent spécial remet aux commissions administratives les comptes de sa gestion pendant l'année précédente.

Ces comptes sont divisés en deux chapitres, *Recettes et Dépenses.* Chaque chapitre est subdivisé en autant d'articles qu'il y a de propriétés, fondations ou dotations.

L'agent spécial y constate par chapitre et article,

1° L'excédant qui restait disponible au 31 décembre de l'année antérieure à celle du compte;

2° Le montant de toutes les sommes reçues et payées pendant l'année;

3° L'excédant restant disponible au 31 décembre.

Art. 181.

L'agent spécial joint à l'appui des comptes, Pièces à l'appui
des comptes.

1° Les autorisations en vertu desquelles il a fait des recettes ou retraits de fonds;

2° Les mandats de payements avec les pièces justificatives à l'appui.

Art. 182.

Ces comptes, rédigés en double expédition, sont vérifiés et arrêtés par les commissions administratives de l'Institut; ils sont adressés au ministre, avec toutes les pièces à l'appui, avant la fin du mois de mai.

TITRE XI.

COMPTABILITÉ DES COLLÉGES ROYAUX.

§ Iᵉʳ.

RECETTES.

Art. 183.

Les recettes des colléges royaux se composent,

1° Des subventions fournies par le trésor public pour dépenses Éléments de re-
cettes. fixes et pour supplément de traitement des fonctionnaires et professeurs;

2° Des sommes payées par le trésor pour les bourses royales, les dégrèvements et les remises;

3° Des sommes payées par les villes pour les bourses communales;

4° Des sommes payées par les particuliers pour les pensions et parties de pension à la charge des familles;

5° Des sommes payées par les externes pour frais d'études;

6° Des arrérages de rentes sur l'État;

7° Du produit des domaines et jardins exploités par l'administration ;

8° Des recettes diverses et extraordinaires.

(*Article* 659 *de l'ordonnance du* 31 *mai* 1838.)

§ II.

DÉPENSES.

ART. 184.

Division des dépenses. Les dépenses se composent,

1° Des dépenses de nourriture........ { Pain et farine. / Viande. / Vin. / Comestibles, etc.

2° Des dépenses d'habillement et de son entretien; des frais de blanchissage.

3° Des traitements................. { Traitements fixes. / Traitements éventuels. / Appointements et gages. / Gratifications. / Indemnités et secours.

4° Des frais du service intérieur.

5° Des dépenses d'entretien et de réparation........................... { Des bâtiments. / Du mobilier. / Des domaines.

6° Des échanges et acquisitions de propriétés immobilières.

7° Des dépenses diverses et extraordinaires.

(*Article* 660 *de l'ordonnance du* 31 *mai* 1838.)

ART. 185.

Mode d'ordonnancement au profit des colléges des sommes qu'ils ont à recevoir sur les fonds du trésor. Toutes les ressources allouées aux colléges royaux sur les fonds du trésor sont ordonnancées au nom des économes, savoir :

1° *Les subventions pour dépenses fixes,* au commencement de chaque trimestre, conformément à la répartition arrêtée par le Roi;

2° *Le supplément à la portion de boni attribué aux censeurs et professeurs*, d'après la répartition arrêtée par le ministre, en conseil royal;

3° *Les bourses et parties de bourses royales*, par à-compte au commencement de chaque trimestre, et pour solde à la fin de l'année, d'après les états de présence et de liquidation arrêtés par le proviseur, et visés par le préfet;

4° Les *dégrèvements*, au fur et à mesure des décisions du ministre par lesquelles ils sont prononcés définitivement;

5° Les *remises*, par trimestre, sur les états de décompte certifiés par les recteurs.

Art. 186.

La comptabilité des colléges royaux est établie par gestion et divisée par exercice.

Comptabilité: Durée de l'exercice.

(*Article 661 de l'ordonnance du 31 mai 1838.*)

L'exercice commence le 1er janvier; il est clos et apuré le 31 mars de l'année suivante.

§ III.

BUDGETS DE L'EXERCICE.

Art. 187.

Les budgets des colléges royaux sont discutés et votés par les conseils académiques, et définitivement arrêtés par le ministre, grand maître de l'Université, en conseil royal de l'instruction publique.

Budgets.

(*Article 662 de l'ordonnance du 31 mai 1838.*)

Les mêmes formes sont suivies pour les crédits supplémentaires et extraordinaires, sauf les cas d'urgence.

§ IV.

FONCTIONS DE L'ORDONNATEUR.

Art. 188.

Le proviseur, en sa qualité d'administrateur du collége, ordonne et ordonnance toutes les dépenses dans les limites du budget et des crédits supplémentaires alloués par décisions spéciales; il est tenu de se conformer, d'ailleurs, aux règlements sur les dépenses des colléges royaux.

Le proviseur ordonne et ordonnance les dépenses dans les limites des crédits.

(*Article 663 de l'ordonnance du 31 mai 1838.*)

INSTRUCTION PUBLIQUE.   4...

Art. 189.

Les fournitures sont faites par adjudication publique, au moyen de marchés à l'amiable ou d'achats de gré à gré.

Le proviseur remet au recteur l'état des divers objets de consommation nécessaires au service du collége. Le recteur soumet cet état au conseil académique, qui délibère sur chaque article, et qui décide s'il y a lieu de faire une adjudication publique, d'autoriser le proviseur à passer marché à l'amiable, ou de charger l'économe de faire les achats de gré à gré.

(*Article 664 de l'ordonnance du* 31 *mai* 1838.)

Art. 190.

Le conseil académique arrête le cahier des charges pour les adjudications publiques.

Pour les objets mis en adjudication publique, le conseil académique arrête le cahier des charges, et fait l'adjudication au rabais, sur soumissions.

(*Article 665 de l'ordonnance du* 31 *mai* 1838.)

Art. 191.

Les marchés à l'amiable sont soumis à l'approbation du conseil académique.

Les marchés que le proviseur est autorisé à faire à l'amiable sont soumis à l'approbation du conseil académique, et ne sont exécutoires qu'après avoir été approuvés par le conseil.

(*Article 666 de l'ordonnance du* 31 *mai* 1838.)

Art. 192.

Le proviseur autorise les achats de gré à gré.

Les objets que l'économe est chargé d'acheter sans marché préalable ne peuvent être acquis par lui que sur l'autorisation du proviseur.

(*Article* 667 *de l'ordonnance du* 31 *mai* 1838.)

Art. 193.

Acquisitions de rentes et d'immeubles, achats d'objets mobiliers, constructions et réparations,

Le proviseur provoque les acquisitions de rentes et d'immeubles, les achats d'objets mobiliers, les constructions et les réparations à faire sur les fonds du collége. Le conseil académique est consulté.

Les demandes ayant pour objet des acquisitions de rentes et d'immeubles sont examinées en conseil royal; les acquisitions sont autorisées par ordonnance royale, sur la proposition du ministre grand maître de l'Université.

Les demandes relatives aux achats d'objets mobiliers, aux constructions et aux réparations, accompagnées de notes estimatives des achats et de devis des travaux, sont examinées en conseil royal; les achats constructions et réparations sont autorisés par le ministre.

Art. 194.

Le proviseur provoque également les aliénations de rentes et d'immeubles, et les ventes d'objets mobiliers, reconnus inutiles au service. *Aliénations de rentes et d'immeubles, ventes d'objets mobiliers.*

Les demandes d'aliénation de rentes et d'immeubles sont examinées en conseil royal; les aliénations sont autorisées par ordonnance royale sur la proposition du ministre.

Les demandes relatives aux ventes d'objets mobiliers, accompagnées de l'état des objets à vendre, sont examinées en conseil royal; les ventes sont autorisées par le ministre.

Art. 195.

Lorsque quelques parties des dépendances du collége peuvent être mises en location, le proviseur passe les baux à ferme et en règle les conditions. Les baux ne sont valables et définitifs qu'après avoir été approuvés par le conseil académique. *Location des dépendances du collége.*

Art. 196.

Aucune dépense faite pour le compte du collége ne peut être acquittée que sur un mandat délivré par le proviseur ordonnateur, ou, en son absence, par le fonctionnaire chargé de l'administration de l'établissement. *Le proviseur délivre des mandats pour l'acquittement des dépenses.*

(*Article 668 de l'ordonnance du 31 mai 1838.*)

Art. 197.

Le proviseur ne peut délivrer des mandats que pour des services faits, pour des travaux exécutés, pour des fournitures livrées.

(*Article 669 de l'ordonnance du 31 mai 1838.*)

Art. 198.

Néanmoins il peut délivrer des mandats d'à-compte sur les travaux non encore terminés, ou sur les fournitures dont les mémoires ne sont pas encore réglés. *Mandats d'à-compte.*

(*Article 670 de l'ordonnance du 31 mai 1838.*)

Art. 199.

Les à-compte ne pourront, en aucun cas, excéder les cinq-sixièmes du montant des sommes portées dans les devis ou dans les mémoires *Ils ne peuvent excéder les cinq sixièmes de la dépense.*

ou factures non réglés; ils devront être justifiés par des états de décompte établissant le degré d'avancement des travaux ou les quantités livrées.

(*Article* 671 *de l'ordonnance du* 31 *mai* 1838.)

ART. 200.

Achat des objets nécessaires à la consommation journalière.

Le proviseur peut aussi autoriser l'économe à prélever sur les fonds de la caisse les sommes dont il a besoin pour l'achat des objets nécessaires à la consommation journalière du collége, ou pour quelques menues dépenses imprévues, à la charge, par l'économe, de justifier de la dépense au moins tous les quinze jours, par des bordereaux sur papier libre, que le proviseur vise, et d'après lesquels il délivre des mandats.

(*Article* 672 *de l'ordonnance du* 31 *mai* 1838.)

ART. 201.

Renseignements à donner sur les mandats.

Les mandats délivrés par le proviseur ordonnateur font connaître la décision qui a ouvert le crédit, sa quotité, le chapitre et l'article auxquels se rattache la dépense; le proviseur est tenu d'y spécifier les pièces justificatives qui doivent être produites par les parties prenantes.

(*Article* 673 *de l'ordonnance du* 31 *mai* 1838.)

ART. 202.

Cas dans lesquels le payement d'un mandat peut être suspendu.

Le payement d'un mandat est suspendu par l'économe,

1° S'il n'a pas été délivré en vertu d'un crédit régulièrement ouvert, ou s'il excède le crédit;

2° S'il y a omission ou irrégularité matérielle dans les pièces justificatives à produire par les parties prenantes, et qui sont déterminées par la nomenclature;

3° S'il y a eu opposition, dûment signifiée, contre le payement réclamé, entre les mains du comptable.

Tout refus, tout retard, doit être motivé dans une déclaration immédiatement délivrée par l'économe au porteur du mandat, lequel en réfère au proviseur, qui avise aux mesures à prendre ou à provoquer.

§ · V.

COMPTE D'ADMINISTRATION.

ART. 203.

Compte d'administration.

Le compte d'exercice que le proviseur rend comme administrateur ordonnateur est jugé par le ministre, grand maître, en conseil royal.

(*Article 674 de l'ordonnance du 31 mai 1838.*)

ART. 204.

Dans les quinze premiers jours du mois d'avril, le proviseur doit remettre au recteur, avec les pièces à l'appui, le compte d'administration du collége pour l'exercice précédent; il y joint un rapport détaillé sur les différentes parties du service en général et sur celles qui sont plus particulièrement confiées à l'économe.

Époque où le compte d'administration doit être remis au recteur, et pièces à y joindre.

(*Article 675 de l'ordonnance du 31 mai 1838.*)

ART. 205.

Le recteur convoque immédiatement le conseil académique, et requiert qu'il soit procédé, sans délai, à l'examen du compte.

Examen du compte par le conseil académique.

(*Article 676 de l'ordonnance du 31 mai 1838.*)

ART. 206.

Aussitôt que le conseil académique a prononcé, le recteur transmet au ministre grand maître, le compte, le rapport du proviseur, le rapport fait au conseil académique par la commission chargée de l'examen du compte, et la délibération du conseil académique; il y joint ses observations, s'il y a lieu.

Transmission du compte au ministre grand maître.

(*Article 677 de l'ordonnance du 31 mai 1838.*)

§ VI.

GESTION DU COMPTABLE.

ART. 207.

L'économe est agent comptable, chargé seul, sous sa responsabilité, de poursuivre la rentrée de tous les revenus du collége et de toutes les sommes qui lui seraient dues, ainsi que d'acquitter les dépenses ordonnancées par le proviseur, jusqu'à concurrence des crédits régulièrement accordés.

L'économe est agent comptable chargé des recouvrements et des payements.

Ce comptable, comme manutenteur des deniers et des matières, fournit un cautionnement; les comptes annuels de la gestion sont jugés par la Cour des comptes.

Cautionnement à fournir par l'économe.

(*Article 678 de l'ordonnance du 31 mai 1838.*)

Art. 208.

L'économe doit recevoir de l'administration du collége une expédition en forme de tous les baux, inscriptions de rentes, contrats, jugements, déclarations et autres titres concernant les revenus dont la perception lui est confiée, et il est autorisé à demander, au besoin, que les originaux de ces divers actes lui soient remis, sur ses récépissés.

§ VII.

RESPONSABILITÉ.

Art. 209.

Responsabilité de l'économe.

L'économe est responsable de toutes les sommes qu'il aurait payées sans un mandat du proviseur, en sus du mandat, sans qu'un crédit ait été ouvert, en sus du crédit ou sans avoir exigé les pièces justificatives qui doivent être produites par les parties prenantes. Les pièces justificatives restent annexées aux quittances.

(*Article 679 de l'ordonnance du 31 mai 1838.*)

Tout économe qui aurait indûment refusé ou retardé un payement régulier, ou qui n'aurait pas délivré au porteur du mandat la déclaration motivée de son refus, est responsable des dommages qui pourraient en résulter.

(*Article 680 de l'ordonnance du 31 mai 1838.*)

Art. 210.

L'économe est tenu de faire, sous sa responsabilité personnelle, toutes les diligences nécessaires pour la perception des revenus, legs, donations et autres ressources affectées au service du collége; de faire faire contre les débiteurs en retard de payer, et à la requête du proviseur, les exploits, significations, poursuites et commandements nécessaires; d'avertir l'administration de l'expiration des baux; d'empêcher les prescriptions; de veiller à la conservation des domaines, droits, priviléges et hypothèques; de requérir, à cet effet, l'inscription au bureau des hypothèques de tous les titres qui en sont susceptibles; enfin de tenir registre de ces inscriptions, et autres poursuites et diligences.

Art. 211.

Les économes des colléges doivent, en conséquence, joindre à leurs comptes, comme pièce justificative, un état des propriétés foncières, des rentes et des créances mobilières qui composent l'actif de ces colléges. Cet état doit indiquer la nature des titres, leur date et celle des inscriptions hypothécaires prises pour leur conservation, et, s'il y a des procédures entamées, la situation où elles se trouvent.

Cet état, certifié conforme par l'économe, doit être visé par le proviseur, qui y joint des observations, s'il y a lieu. Les certificats de quitus ne sont délivrés aux comptables, à l'effet de remboursement de cautionnement, qu'après qu'il a été reconnu, par l'autorité qui juge les comptes, qu'ils ont satisfait aux obligations imposées pour la conservation des biens et des créances appartenant aux colléges dont ils gèrent la recette.

(*Arrêté du* 19 *vendémiaire an* XII.)

§ VIII.

ÉCRITURES.

ART. 212.

Pour la manutention des deniers, les économes sont tenus d'avoir,

Registre à souche, livre journal et sommier.

1° Un registre à souche, sur lequel ils inscrivent, à leur date par ordre de numéros, et sans lacune, toutes les sommes versées dans leur caisse pour le compte du collége, à quelque titre que ce soit;

2° Un livre journal de caisse et de portefeuille, dans lequel ils inscrivent, chaque jour et à leur date, toutes les sommes qu'ils ont reçues et toutes celles qu'ils ont payées pour le compte du collége;

3° Un sommier, dans lequel ils classent par chapitre, et en les divisant par exercice, toutes les recettes et toutes les dépenses.

(*Article* 681 *de l'ordonnance du* 31 *mai* 1838.)

ART. 213.

Pour la manutention des matières, l'économe tient un registre d'entrée et de sortie des provisions de toute nature : ce registre est divisé en autant de comptes qu'il y a d'espèces de provisions. L'économe inscrit, dans une première colonne, tous les objets entrés dans les magasins pendant l'année, au fur et à mesure des livraisons faites par les fournisseurs, et, dans une deuxième colonne, le détail de l'emploi qui a été fait de chaque objet.

Registre d'entrée et de sortie des provisions de toute nature

(*Article* 682 *de l'ordonnance du* 31 *mai* 1838.)

§ IX.

CONTRÔLE ET SURVEILLANCE.

Art. 214.

Inventaires tri-mestriels.

Le dernier jour de chaque trimestre, l'économe fait la balance de tous les comptes ouverts sur le registre d'entrée et de sortie des provisions de toute nature, et il dresse un inventaire de tous les approvisionnements qui existent dans les magasins.

(*Article 683 de l'ordonnance du 31 mai 1838.*)

Art. 215.

Ils doivent être dressés en présence d'une commission prise dans le sein du conseil académique.

Des commissaires pris dans le sein du conseil académique, et désignés par le recteur, assistent avec le proviseur à l'inventaire ; ils le comparent avec la balance des comptes du registre de magasin, et consignent sur l'inventaire le résultat du contrôle.

(*Article 684 de l'ordonnance du 31 mai 1838.*)

Art. 216.

Surveillance du proviseur.

Le proviseur vérifie tous les huit jours la caisse de l'économe.

A la fin de chaque mois, il constate : au registre à souche, le numéro de la dernière quittance délivrée par l'économe ; au livre journal de caisse, le solde en caisse, et la concordance du journal avec le registre à souche ; au sommier, la conformité des enregistrements du sommier avec ceux du livre journal de caisse.

Si toutes les écritures ne sont pas au courant suivant l'ordre prescrit, si le solde en caisse n'est pas d'accord avec les écritures, le proviseur doit en dresser procès-verbal, qu'il transmet immédiatement au ministre par l'intermédiaire du recteur.

Le proviseur vérifie chaque mois le registre de magasin. Il assiste à l'inventaire qui doit être fait le dernier jour de chaque trimestre, et signe le procès-verbal, avec les commissaires délégués par le recteur.

Le proviseur veille à ce que les pièces désignées aux articles 218 et 219 ci-après soient adressées au ministre dans le délai prescrit.

Art. 217.

Surveillance du recteur.

Le recteur vérifie tous les trois mois les caisses des colléges royaux et les écritures des économes. Il peut faire faire cette vérification par un inspecteur d'académie ou par tout autre délégué.

Le résultat de cette vérification est constaté par un procès-verbal qu'il adresse au ministre; Il y joint un rapport dans lequel il fait connaître si le proviseur a vérifié la caisse et arrêté les écritures aux époques déterminées.

S'il a reconnu des irrégularités dans la tenue de la caisse et des écritures, il propose au ministre les mesures qui peuvent être nécessaires.

Le 20 du dernier mois de chaque trimestre, le recteur délègue les membres du conseil académique chargés d'assister avec le proviseur à l'inventaire trimestriel des objets en magasin, qui doit être fait par l'économe.

Art. 218.

Au commencement de chaque trimestre, et dans le délai de huit jours, les économes sont tenus de transmettre au ministre, *Envois trimestriels de pièces.*

1° La copie textuelle de leur journal de caisse du trimestre précédent;

2° Le bordereau de toutes les recettes et de toutes les dépenses qu'ils ont effectuées pendant le même trimestre;

3° La situation, à la fin du trimestre précédent, des crédits ouverts sur chaque exercice en cours d'exécution. Ils joignent au bordereau des recettes et des dépenses tous les mandats acquittés par les parties prenantes, avec les pièces à l'appui.

(*Article* 685 *de l'ordonnance du* 31 *mai* 1838.)

Art. 219.

Les économes transmettent, en outre, au commencement de chaque trimestre, la situation générale du collége, l'inventaire des objets en magasin, l'état des créances et celui des dettes, à la fin du trimestre précédent,

(*Article* 686 *de l'ordonnance du* 31 *mai* 1838.)

§ X.

COMPTES DE GESTION.

Art. 220.

Dans les dix premiers jours du mois de janvier de chaque année, l'économe établit le compte des recettes et des dépenses qu'il a faites pendant l'année précédente, ainsi que le compte des matières. *Comptes de deniers et de matières.*

(*Article* 687 *de l'ordonnance du* 31 *mai* 1838.)

Art. 221.

Rédaction du compte de deniers.

Le compte de deniers, divisé par exercice et par chapitre de recette et de dépense, constate,

1° Les valeurs qui se trouvaient en caisse et en portefeuille au 31 décembre de l'année antérieure à celle du compte ;

2° Le montant de toutes les sommes reçues et payées pendant l'année, et les différentes natures de recettes et de dépenses auxquelles elles s'appliquent;

3° Les valeurs restant en caisse et en portefeuille au 31 décembre.

(*Article 688 de l'ordonnance du 31 mai 1838.*)

Art. 222.

Le registre à souche doit être joint au compte de deniers.

L'économe joint à l'appui de son compte le registre à souche des quittances délivrées par lui depuis le 1er janvier jusqu'au 31 décembre, et arrêté en somme totale au 31 décembre.

Ce registre, certifié par l'économe, est visé par le proviseur.

(*Article 689 de l'ordonnance du 31 mai 1838.*)

Art. 223.

Rédaction du compte de matières.

Le compte de matières constate la quantité des approvisionnements qui existaient dans les magasins au 31 décembre de l'année antérieure à celle du compte; la quantité des approvisionnements qui sont entrés dans les magasins et de ceux qui en ont été retirés pendant l'année; enfin, la quantité et la valeur des objets qui existaient dans les magasins au 31 décembre.

(*Article 690 de l'ordonnance du 31 mai 1838.*)

Art. 224.

Formalités exigées.

Les deux comptes, rédigés en double expédition, sont certifiés par l'économe; le proviseur, en les visant, constate au bas desdits comptes qu'ils sont conformes aux écritures.

(*Articles 691 et 692 de l'ordonnance du 31 mai 1838.*)

Art. 225.

Le proviseur tient la main à ce que les comptes et les pièces à l'appui soient envoyés au ministre grand maître avant le 20 janvier.
(*Article 693 de l'ordonnance du 31 mai 1838.*)

Art. 226.

Les comptes de deniers et de matières, après avoir été vérifiés, sont transmis à la Cour des comptes, avant le 1er avril de chaque année, par la comptabilité centrale, qui y joint toutes les pièces justificatives de dépenses.
(*Article 694 de l'ordonnance du 31 mai 1838.*)

TITRE XII.

DÉPENSES DE L'INSTRUCTION PRIMAIRE À LA CHARGE DES DÉPARTEMENTS.

Art. 227.

Les dispositions du présent règlement sont applicables à la comptabilité des dépenses de l'instruction primaire à la charge des départements, sauf les modifications qui résultent des articles ci-après :

Art. 228.

Le service des dépenses départementales de l'instruction primaire est assuré,

1° Par des allocations sur les fonds départementaux;

2° Si ces fonds sont insuffisants, par une imposition spéciale qui ne peut excéder deux centimes additionnels au principal des quatre contributions directes, et qui est votée par le conseil général du département, ou, à défaut du vote de ce conseil, établie par ordonnance royale (*Loi du 28 juin 1833*);

3° Par les impositions extraordinaires qui sont votées par le conseil général et autorisées par une loi;

4° Par le produit des reversements et autres recettes éventuelles affectées au service de l'instruction primaire.

Art. 229.

Budget des dépenses départementales de l'instruction primaire. Le budget des dépenses de l'instruction primaire à la charge du département forme une section du budget départemental, lequel est présenté par le préfet, délibéré par le conseil général, et réglé définitivement par ordonnance royale.

Cette section du budget départemental est divisée en chapitres et articles.

Art. 230.

Dépenses ordinaires. Le premier chapitre comprend les allocations pour les dépenses ordinaires dont le détail suit:

1° Les subventions que le département doit fournir aux communes qui, avec le produit des ressources que la loi met à leur disposition, ne peuvent acquitter les dépenses ordinaires de leurs écoles primaires communales (*articles 12 et 13 de la loi du 28 juin 1833*);

2° Les frais d'entretien de l'école normale primaire (*articles 11 et 13 de la loi du 28 juin 1833*);

3° Les menues dépenses et les frais d'impression de la caisse d'épargne, des comités d'arrondissement et de la commission d'instruction primaire, dont la loi du 28 juin 1833 a prescrit la création (*art. 15, 18, 25 et 13, § 3, de cette loi*).

Ces allocations peuvent être augmentées d'office jusqu'à concurrence du montant des sommes nécessaires pour acquitter ces dépenses. La spécialité des fonds affectés aux divers articles de ce chapitre n'existe que pour les ordonnateurs secondaires.

Art. 231.

Dépenses reconnues nécessaires à l'instruction primaire autres que les dépenses ordinaires. Le second chapitre comprend toutes les dépenses reconnues nécessaires à l'instruction primaire, autres que celles qui font l'objet du chapitre Ier.

Aucune dépense ne peut être inscrite d'office dans ce second chapitre. Les allocations qui y sont portées par le conseil général ne peuvent être augmentées; elles ne peuvent être diminuées que dans le cas où les allocations votées pour acquitter les dépenses ordinaires de l'année courante, énumérées au chapitre Ier, et pour solder les dépenses ordinaires arriérées des années antérieures, seraient insuffisantes.

Il y a spécialité par articles pour les dépenses de ce chapitre, à moins de changements par suite de délibérations du conseil général.

Art. 232.

Le troisième chapitre comprend les dépenses ordinaires arriérées   Dépenses ordi-
des années antérieures, que l'insuffisance des fonds n'aurait pas permis   naires arriérées.
d'acquitter.

Art. 233.

Les virements de crédits du chapitre II au chapitre I ou III, ainsi   Virements de
que les augmentations d'allocations qui seraient reconnues nécessaires,   crédits.
après le règlement du budget, pour assurer l'exécution des services
compris dans ces deux derniers chapitres, doivent être autorisés par
des décisions ministérielles.

Ces décisions sont notifiées aux préfets et aux payeurs, qui les pro-
duisent à la Cour des comptes avec les copies du budget départemental.

Art. 234.

Les plus-values résultant du produit effectif des centimes addition-   Plus-values ré-
nels dont l'imposition a été votée par le conseil général peuvent être   sultant du produit
appliquées par le ministre aussitôt qu'elles sont constatées, et sans   times imposés.
attendre une délibération de ce conseil, au payement des dépenses
énumérées aux chapitres I et III.

Art. 235.

Tout reversement quelconque de fonds départementaux affectés   Reversement de
aux dépenses de l'instruction primaire, et provenant d'un exercice   fonds départemen-
dont le compte est rendu, doit être effectué dans la caisse du rece-   ture d'un exercice.
veur général, au compte des *produits éventuels du département affectés aux*
dépenses de l'instruction primaire. Ainsi imputée, la somme reversée est
comprise par la comptabilité générale des finances dans les états de
ces produits. Le montant en est rétabli au crédit du ministère de
l'instruction publique, sous le titre de *produits éventuels départementaux*
affectés aux dépenses de l'instruction primaire; il est ensuite rendu au
département au moyen d'ordonnances de délégation.

Art. 236.

Les fonds destinés à acquitter des dépenses régulièrement effectuées,   Fonds sans em-
qui n'auraient pu recevoir leur emploi dans le cours de l'exercice, sont   ploi.
reportés, après clôture, sur l'exercice en cours d'exécution, avec la

destination qu'ils avaient au budget voté par le conseil général, et les fonds restés libres sont cumulés avec les ressources du budget nouveau.

Art. 237.

Compte des dépenses de l'instruction primaire.

Le conseil général entend et débat les comptes d'administration des dépenses de l'instruction primaire à la charge du département, qui lui sont présentés par le préfet.

Les observations du conseil général sur les comptes présentés à son examen sont adressées directement, par son président, au ministre de l'instruction publique.

Ces comptes, provisoirement arrêtés par le conseil général, sont définitivement réglés par ordonnance royale.

Art. 238

Impression des budgets et des comptes.

Le budget et le compte des dépenses de l'instruction primaire à la charge du département, définitivement réglés, sont rendus publics par la voie de l'impression.

L'impression de ce budget et de ce compte, approuvés par le ministre, doit avoir lieu dans le mois qui suit leur réception à la préfecture. Trois exemplaires en sont remis au payeur par le préfet.

TITRE XIII.

FONDS CENTRALISÉS AU TRÉSOR POUR LES DÉPENSES DES ÉCOLES NORMALES PRIMAIRES.

Art. 239.

Fonds centralisés au trésor pour les dépenses des écoles normales primaires.

Les produits extraordinaires destinés aux dépenses des écoles normales, tels que,

1° Les arrérages de rentes sur l'État appartenant à l'école;

2° L'intérêt des fonds placés au trésor;

3° Les dons, legs et donations;

4° Les subventions fournies, soit par les départements réunis pour l'entretien de l'école, soit par les communes;

5° Les bourses et portions de bourses entretenues par les départements réunis;

6° Les compléments de bourse à payer par les familles des élèves;

7° Le prix de la pension à payer par les élèves-maîtres;

8° Le prix des bourses créées par les communes, par des associations charitables ou par des particuliers;

9° Tous les produits quelconques affectés aux dépenses des écoles normales,

Sont recouvrés par les receveurs généraux, sur les rôles et états de produits rendus exécutoires par le préfet et par lui remis à ce comptable, qui en opère le versement au trésor public.

Ils sont ensuite mis à la disposition du ministre, comme produits éventuels spécialement affectés aux dépenses des écoles normales, et l'emploi en est fait par les préfets.

Art. 240.

Les dispositions du présent règlement remplacent et annulent toutes celles des règlements antérieurs concernant la comptabilité du ministère de l'instruction publique.

Fait à Paris, le 16 Décembre 1841.

Le Pair de France,
Ministre Secrétaire d'État de l'instruction publique,

Signé VILLEMAIN.

APPROUVÉ :

Signé LOUIS-PHILIPPE.

Par le Roi:

Le Pair de France, Ministre Secrétaire d'État de l'instruction publique,

VILLEMAIN.

MODÈLES.

SAVOIR :

MINISTÈRE
de
L'INSTRUCTION PUBLIQUE.

MODÈLE N° 1ᵉʳ.

Art. 67 du Règlement.

COMPTABILITÉ.

Numéro
de
l'ordonnance.

ORDONNANCE DE PAYEMENT.

DÉPENSES DE L'EXERCICE 18 .

Loi

CRÉDIT général pour les divers chapitres du Budget,   francs.

CHAPITRE.		Crédit primitif.......
		Crédit supplémentaire..
		TOTAL......

En vertu de   ci-dessus relatée, et des crédits de distribution accordés jusqu'à ce jour par ordonnances royales, le Trésor public payera
la somme de

sur la remise des pièces et pour l'objet des dépenses dont le détail suit, savoir :

PARTIE PRENANTE.	OBJET DU PAYEMENT.	SOMME À PAYER.	INDICATION des PIÈCES JUSTIFICATIVES jointes à la présente ordonnance.
	TOTAL........		

TRÉSOR PUBLIC.

N°   d'ordre du Registre des crédits et ordonnances.

BORDEREAU N°

Vu par le Directeur du mouvement général des fonds.

Le   *18* .

La présente ordonnance sera allouée dans les comptes du payeur, en rapportant les pièces ci-dessus énoncées.

Fait à Paris, le   mil huit cent

Le Ministre Secrétaire d'État de l'Instruction publique,

MINISTÈRE
de
L'INSTRUCTION PUBLIQUE.

MODÈLE N° 2.

Art. 67 du Règlement.

COMPTABILITÉ.

Numéro
de
l'ordonnance.

ORDONNANCE DE DÉLÉGATION.

DÉPENSES DE L'EXERCICE 18 .

LOI

CRÉDIT général pour les divers chapitres du Budget,   francs.

CHAPITRE.   Crédit primitif.......
   Crédit supplémentaire..
    TOTAL.......

En vertu de   ci-dessus relatée, et des crédits de distribution accordés jusqu'à ce jour, par ordonnances royales, le Trésor public fera payer dans le   département d
et sur les mandats d   Préfet , pour les motifs ci-après, la somme de

sur la remise des pièces que ces mandats indiqueront, savoir :

TITULAIRES DES CRÉDITS DE DÉLÉGATION.	OBJET DES CRÉDITS DE DÉLÉGATION.	MONTANT des CRÉDITS.	OBSERVATIONS.
Le Préfet d département			Les mandats de payement expédiés au nom des créanciers indiqueront les pièces justificatives à produire au payeur, conformément à la nomenclature annexée au règlement.

TRÉSOR PUBLIC.

N°   d'ordre du Registre des crédits et ordonnances.

BORDEREAU n°

Vu par le Directeur du mouvement général des fonds.

Le   18 .

La présente ordonnance sera allouée dans les comptes du Payeur des dépenses, en rapportant les pièces justificatives indiquées dans les mandats.

Fait à Paris, le   mil huit cent

Le Ministre Secrétaire d'État de l'Instruction publique,

MINISTÈRE
de
L'INSTRUCTION PUBLIQUE.

MODÈLE N° 3.

Art. 70 du Règlement.

COMPTABILITÉ.

Numéro
de
l'ordonnance.

EXTRAIT D'ORDONNANCE DE PAYEMENT.

N°
de l'état de répartition
joint à l'ordonnance

DÉPENSES DE L'EXERCICE 18 .

CHAPITRE

EXERCICE 18

DÉPARTEMENT
d

Extrait de l'Ordonnance collective de payement délivrée par nous Ministre Secrétaire d'État de l'instruction publique, sous la date de ce jour et sous le numéro indiqué ci-contre.

PARTIE PRENANTE.	OBJET DU PAYEMENT.	SOMME À PAYER.	PIÈCES JUSTIFICATIVES. à produire.

La somme de

à laquelle s'élève le présent extrait, est payable par le payeur (A)

sur la quittance

de la partie prenante ci-dessus dénommée, ou de son représentant dûment autorisé.

Paris, le   *18* .

(A) Du département d
ou à Paris des dépenses centrales du
trésor public.

Pour le Ministre Secrétaire d'État de l'Instruction publique :

Le Chef de la division de comptabilité,

MINISTÈRE
de
L'INSTRUCTION PUBLIQUE.

COMPTABILITÉ.

Numéro
de
l'ordonnance.

Nº
de l'état de répartition
joint à l'ordonnance.

EXERCICE 18

DÉPARTEMENT
d

MODÈLE Nº 4.

Art. 70 du Règlement.

EXTRAIT D'ORDONNANCE DE DÉLÉGATION.

DÉPENSES DE L'EXERCICE 18

CHAPITRE

Extrait de l'Ordonnance collective de délégation délivrée par nous Ministre Secrétaire d'État de l'instruction publique, sous la date de ce jour et sous le numéro indiqué ci-contre.

ORDONNATEUR SECONDAIRE.	OBJET DU CRÉDIT DE DÉLÉGATION.	MONTANT DU CRÉDIT de délégation.	OBSERVATIONS.
Le préfet du département d			Le préfet indiquera, sur les mandats de payement qu'il expédiera au nom des créanciers, les pièces justificatives qui devront être produites au payeur, conformément à la nomenclature annexée au règlement.

Le présent extrait montant à la somme de

dont le préfet du département ci-dessus dénommé est autorisé à disposer par ses mandats sur le payeur de son département, délivré à Paris, le
18

Pour le Ministre Secrétaire d'État de l'Instruction publique :

Le Chef de la division de comptabilité,

MINISTÈRE
de
L'INSTRUCTION PUBLIQUE.

AVIS D'ORDONNANCE DE PAYEMENT.

MODÈLE N° 5.

Art. 72 du Règlement.

COMPTABILITÉ.

DÉPENSES DE L'EXERCICE 18 .

N°
DE L'ORDONNANCE.

CHAPITRE DU BUDGET.

N°
de l'état de répartition joint
à l'ordonnance.

A M.

DÉPARTEMENT

d

VISA DU BUREAU DES OPPOSITIONS.

J'adresse au Trésor public, sous la date de ce jour, et sous le numéro indiqué ci-contre, une ordonnance de payement dont extrait suit :

PARTIE PRENANTE.	OBJET DU PAYEMENT.	SOMMES à PAYER.	INDICATION DES PIÈCES adressées au ministère des finances à l'appui de l'ordonnance de payement.

POUR QUITTANCE de la somme ci-dessus

A le 18

La somme d

à laquelle s'élève le présent extrait, est payable par le payeur (A) sur la quittance de la partie prenante y dénommée, ou de son représentant dûment autorisé.

Paris, le 18

Pour le Ministre Secrétaire d'État de l'Instruction publique :

Le Chef de la division de comptabilité,

NOTA.

Le payement de la somme indiquée ci-dessus n'est exigible que jours après la date du présent avis.

La quittance de la partie prenante doit être datée du jour du payement.

Toute ordonnance est payable jusqu'au 31 octobre de la seconde année de l'exercice sur lequel l'ordonnance est imputée.

Toutefois, les ordonnances délivrées pour le payement des dépenses des exercices clos, ne sont valables que jusqu'au 31 décembre de l'année pendant laquelle elles ont été émises.

(A) Du département d
ou à Paris, des dépenses centrales du trésor public.

MINISTÈRE
de
L'INSTRUCTION PUBLIQUE.

MODÈLE N° 6.

Art. 72 du Règlement.

COMPTABILITÉ.

N°
DE L'ORDONNANCE.

N°
de l'état de répartition joint
à l'ordonnance.

DÉPARTEMENT
d

AVIS D'ORDONNANCE DE DÉLÉGATION.

DÉPENSES DE L'EXERCICE 18

CHAPITRE   DU BUDGET.

Paris, le   18

A M. LE PRÉFET du département d

MONSIEUR LE PRÉFET, j'ai l'honneur de vous donner avis que M. le MINISTRE SECRÉTAIRE D'ÉTAT DE L'INSTRUCTION PUBLIQUE adresse au trésor public sous la date de ce jour, et sous le numéro indiqué ci-contre, une ordonnance

Cette somme sera acquittée par M. le payeur du département, sur le mandat que vous délivrerez en vertu de ladite ordonnance, appuyé des pièces justificatives exigées par la nomenclature annexée au règlement.

J'ai l'honneur d'être, Monsieur le Préfet, avec considération,

Votre très-humble serviteur,

Le Chef de la division de comptabilité,

DÉPARTEMENT

d

(1) *Ministère des finances*, s'il s'agit d'une ordonnance directe, ou *payeur du département d* e'il s'agit d'un mandat.

(2) De l'ordonnance ou du mandat.

MINISTÈRE DE L'INSTRUCTION PUBLIQUE.

EXERCICE 18 .

CHAPITRE   ARTICLE   DU BUDGET.

Bordereau des pièces adressées au (1)
à l'appui d (2)   *délivré sous le n°*
au nom de M.   *et dont le montant*
doit être acquitté par le payeur d

NOMBRE des PIÈCES.	NATURE DES PIÈCES PRODUITES.	MONTANT des PIÈCES.
	MONTANT TOTAL des pièces..........	
	Sur quoi il a été payé, à titre d'à-compte	
	RESTANT ÉGAL au montant (de l'ordonnance ou du mandat)...........	

DÉPARTEMENT
d

MODÈLE N° 8,
Art. 85 du Règlement.

N°
DU MANDAT.

MINISTÈRE DE L'INSTRUCTION PUBLIQUE.

MANDAT DE PAYEMENT.

NOTA. Faute par le porteur de se présenter avant le 31 octobre 18 (ou le 20 octobre s'il s'agit d'un payement à effectuer dans un arrondissement), le présent mandat sera annulé, et la dépense qui en est l'objet ne pourra être acquittée qu'au moyen d'un nouvel ordonnancement sur l'exercice suivant, ce qui entraîne toujours d'assez longs délais.

EXERCICE 18   .

CHAPITRE   DU BUDGET.

En vertu des crédits de délégation ouverts par M. le Ministre Secrétaire d'État de l'instruction publique, montant à
et dont le dernier est en date du   , n°   , M.
Payeur du département ci-dessus indiqué, payera à la partie prenante, pour les motifs ci-après, savoir :

DÉSIGNATION de LA PARTIE PRENANTE.	OBJET DU PAYEMENT,	SOMMES.	INDICATION DES PIÈCES À PRODUIRE au payeur à l'appui du présent mandat.

Vu bon à payer par (1)

Le Payeur du département

(1) Le Receveur particulier à
ou le percepteur de la commune de

Le présent mandat, montant à la somme de

délivré par nous,

Préfet du département de

A   le   18   .

Pour quittance de la somme ci-dessus.

A   le   18   .

NOTA. Le payement du présent mandat n'est pas exigible avant le délai de   jours.
La quittance de la partie prenante doit être datée du jour même du payement.

DÉPARTEMENT

d

MODÈLE N° 9.
Art. 86 du Règlement.

Numéro
d'ordre }
du bordereau. }

* L'indication de ce numéro
d'ordre est essentielle. Chaque
ordonnateur secondaire aura sa
série par ministère, qu'il suivra
sans interruption depuis le commencement jusqu'à la fin de
l'exercice.

MINISTÈRE DE L'INSTRUCTION PUBLIQUE.

EXERCICE 18

Indiquer }
le mois et la date. }

Bordereau détaillé des mandats collectifs ou individuels délivrés dans le cours de la présente journée, par moi Préfet soussigné, sur la caisse de M. le Payeur du département.

CHAPITRES ET ARTICLES du budget sur lesquels les mandats sont imputés.		N° d'ordre des man-dats.	NOMS ET PRÉNOMS des parties prenantes.	QUALITÉS.	OBJET DE LA DÉPENSE et temps qu'elle concerne.	INDICATION des ARRONDISSE-MENTS ou communes dans lesquels les parties demandent à être payées.	SOMMES à PAYER.	TOTAL par CHAPITRE.	NOMBRE de PIÈCES annexées au présent bordereau.	OBSERVATIONS.
N° du cha-pitre.	N° de l'article									

Certifié par moi, Préfet du département d

A　　　　　le　　　　　18

MINISTÈRE DE L'INSTRUCTION PUBLIQUE.

MODÈLE N° 10.

Art. 89 du Règlement.

DÉPARTEMENT d

COMPTABILITÉ.

BUREAU des ÉCRITURES CENTRALES.

EXERCICE 18

SITUATION AU 1er JOUR DU MOIS d   18

Bordereau des droits constatés, des mandats délivrés et des payements effectués sur les ordonnances de délégation expédiées au nom du préfet, pour les services de son département dépendant du ministère de l'instruction publique.

CHA-PITRES légis-latifs.	SERVICES.	ORDONNANCES DE DÉLÉGATION.			DROITS CONSTATÉS ou créances des dépenses faites.			MANDATS DÉLIVRÉS sur le payeur.			PAYEMENTS EFFECTUÉS et justifiés par le bordereau sommaire du payeur.			SOMMES RESTANT sur les ordonnances de délégation.	OBSERVATIONS.
		Numéro de la dernière ordon-nance.	Date de la dernière ordon-nance.	Montant des ordonnances cumulées.	antérieure-ment, au dernier la dernier bordereau.	pendant le mois de	Total.	antérieure-ment, suivant le dernier bordereau.	pendant le mois de	Total.	antérieure-ment, suivant le dernier bordereau.	pendant le mois de	Total.		Nota. Indiquer dans cette colonne la cause des diffé-rences qui entraîneraient par suite d'annulation ou de changement d'imputation sur les opérations antérieures.

Certifié véritable, à   le

18

Le Préfet du département d

DÉPARTEMENT

d

MODÈLE N° 11.

Art. 91 du Règlement.

MINISTÈRE DE L'INSTRUCTION PUBLIQUE.

EXERCICE 18 .

Bordereau des ordonnances ou parties d'ordonnances directes non payées au 31 octobre 18 , époque de la clôture de l'exercice 18 .

NUMEROS des		DÉSIGNATION	NOMS	SOMMES NON PAYÉES	OBSERVATIONS.
cha-pitres.	ordon-nances.	DES SERVICES.	ET QUALITÉS. des créanciers.	à la clôture de l'exercice.	
			TOTAL.........		

Certifié les résultats du présent bordereau conformes à mes écritures.

A le 18 .

Le Payeur du département,

DÉPARTEMENT

d

MODÈLE N° 12.

Art. 91 du Règlement.

MINISTÈRE DE L'INSTRUCTION PUBLIQUE.

EXERCICE 18 .

Bordereau des mandats non payés au 31 octobre 18 , époque de la clôture
définitive de l'exercice 18 .

NUMÉROS des		DÉSIGNATION DES SERVICES.	NOMS ET QUALITÉS des créanciers.	MONTANT DES MANDATS non payés.	OBSERVATIONS.
chapitres.	mandats.				
			TOTAL......		

VU :

A le 18

Le *Préfet du département*,

Certifié les résultats du présent bordereau conformes
à mes écritures.

A : le 18 .

Le Payeur du département,

DÉPARTEMENT

d

MODÈLE N° 13.

Art 93 du Règlement.

MINISTÈRE DE L'INSTRUCTION PUBLIQUE.

EXERCICE 18 .

Bordereau portant déclaration de crédits sans emploi sur les ordonnances de délégation délivrées au nom de M. le Préfet du département

d

CHAPITRES.	ARTICLES.	NATURE DES SERVICES.	NUMÉRO ET DATE de la dernière ordonnance de délégation.	MONTANT DES CRÉDITS cumulés.	SOMMES EMPLOYÉES ou réservées sur ces crédits.	SOMMES DÉCLARÉES sans emploi.	OBSERVATIONS ET MOTIFS du non emploi des fonds.
		TOTAL du chapitre...					
		TOTAL du chapitre...					
		TOTAUX.....					

Vu et certifié :   *Le Préfet du département.*

Le Payeur du département,   A   *le*   18

COMPTABILITÉ.

MODÈLE N° 14.

BUREAU
DES ÉCRITURES CENTRALES.

Art. 94 du Règlement.

MINISTÈRE DE L'INSTRUCTION PUBLIQUE.

EXERCICE 18 .

*Bordereau d'ordonnances ou portions d'ordonnances sans emploi, à annuler,
et dont le montant est à reporter au crédit du budget de cet exercice.*

CHAPITRES du budget.	NUMÉROS DES ORDONNANCES		DÉSIGNATION des SERVICES,	MONTANT DES SOMMES à annuler.	PIÈCES à l'appui.	OBSERVATIONS.
	de payement.	de délégation.				
			TOTAUX........			

Vu :

*Le Ministre de l'Instruction
publique,*

Certifié le présent bordereau d'annulations, montant à la somme de

Paris, le

Le Chef de la division de comptabilité,

MODÈLE N° 15.

Art. 101 du Règlement.

PARIS
ou
DÉPARTEMENT
d

MINISTÈRE DE L'INSTRUCTION PUBLIQUE.

EXERCICE 18 .

CHAPITRE   ARTICLE   DU BUDGET GÉNÉRAL.

SERVICE. —

Bordereau des quittances et pièces justificatives remises au payeur de   par le soussigné, pour raison de l'avance de   francs, qui lui a été faite pour le service ci-dessus indiqué, en vertu d (ordonnance ou mandat de payement) délivré le   sous le n°   par

NUMÉROS d'ordre des quittances	INDICATION DES PARTIES PRENANTES.	NATURE DES DÉPENSES.	MONTANT des QUITTANCES.	DÉSIGNATION DES PIÈCES produites À L'APPUI DES QUITTANCES des parties prenantes.
		TOTAL du présent bordereau....		
		REPORT des bordereaux précéd^{ts}..		
		TOTAL GÉNÉRAL.....		

Vu et vérifié :

Le (1)

Arrêté le présent bordereau comprenant quittances et pièces, à la somme totale de

Le Payeur soussigné reconnaît avoir reçu les quittances et pièces énoncées dans le présent bordereau.
A   le   18 .

A   le   18 .

(1) A remplir par l'ordonnateur.

INSTRUCTION PUBLIQUE.

6...

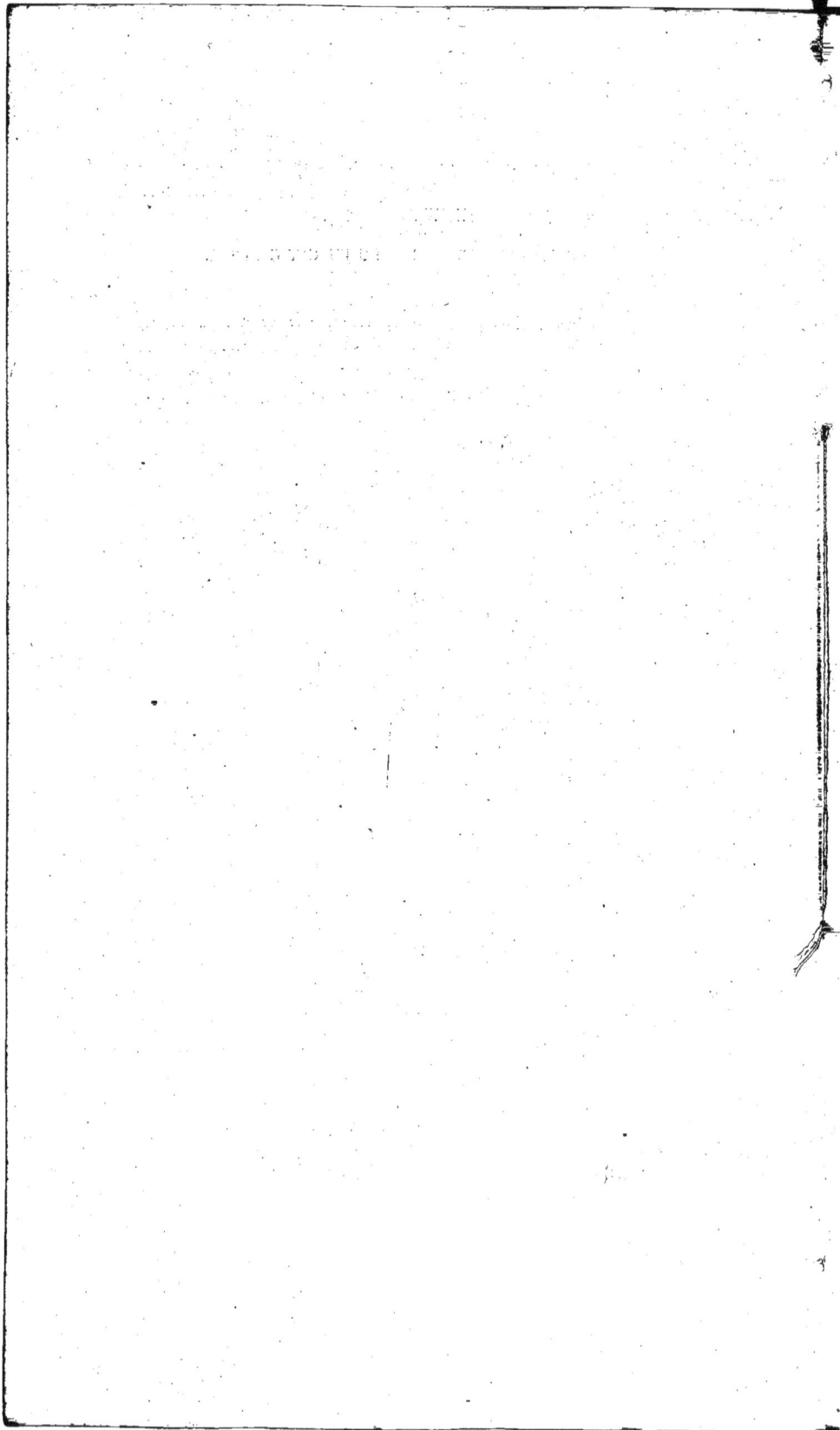

COMPTABILITÉ
DES PAYEURS.

MODÈLE N° 16.

Art. 121 du Règlement,

MOIS

d   18

DÉPARTEMENT d

DÉPENSES

DU MINISTÈRE DE L'INSTRUCTION PUBLIQUE,

EXERCICE 18 .

*Bordereau sommaire des Payements effectués, depuis le commencement de l'exercice ci-dessus désigné jusqu'au dernier jour du mois d   par M.
payeur du département, et remis, pour le même mois, en exécution de l'art 251 de l'ordonnance royale du 31 mai 1838, à M. le Préfet, ordonnateur secondaire de ce ministère.*

Vu par le Préfet:

CHAPITRES SPÉCIAUX. DÉSIGNATION DES SERVICES.	NUMÉROS des CHAPITRES spéciaux.	MANDATS DE PAYEMENTS délivrés depuis le commencement jusqu'à la fin du mois. (déduction faite des mandats annulés.)	PAYEMENTS EFFECTUÉS			MANDATS RESTANT à payer à la fin du mois.	INDICATION DES CHANGEMENTS D'IMPUTATION opérés sur chaque chapitre et portant sur les mois antérieurs.
			antérieurement.	pendant le mois de	TOTAL des payements par chapitre.		
Total général............							

EXERCICE 18 . *Payements effectués sur Ordonnances de payement pendant le mois*

d 18 .

NUMÉROS des chapitres.	DÉSIGNATION des SERVICES.	NOMS ET QUALITÉS des PARTIES PRENANTES.	NUMÉROS des ordonnances.	PAYEMENTS EFFECTUÉS				INDICATION DES CHANGEMENTS d'imputation opérés sur chaque chapitre et portant sur les mois antérieurs.
				PENDANT LE MOIS,		antérieurement au 1er	TOTAL par chapitre.	
				par titulaire.	par chapitre.			
		TOTAL GÉNÉRAL..						

Certifié les résultats du présent bordereau conformes aux écritures et aux acquits de payement transmis à la comptabilité générale des finances.

A le 18

Le Payeur du département d

DÉPARTEMENT

d

MODÈLE N° 17.
Art. 122 du Règlement.

MINISTÈRE DE L'INSTRUCTION PUBLIQUE.

ORDRE DE REVERSEMENT.

EXERCICE 18

CHAPITRE   ARTICLE   DU BUDGET.

SERVICE d

Conformément aux dispositions du règlement sur la comptabilité du département de l'instruction publique, M.   est requis de reverser dans la caisse du
la somme dont le détail suit, pour les motifs ci-après énoncés, savoir :

DÉSIGNATION DES ORDONNANCES OU MANDATS sur l quel doi porter le reversement			MOTIFS D REVERSEMENT À OPÉRER.	MONTANT de LA SOMME à reverser.	OBSERVATIONS.
Numéro.	Date.	Montant.			

Le présent ordre de reversement, montant à la somme de (1)
délivré par nous (2)   .

(1) Porter en toutes lettres d la somme totale à reverser.
(2) Indiquer le nom et la qualité de l'ordonnateur signataire de l'ordre de reversement.

A   le   18   .

MODÈLE N° 18.
Art. 124 du Règlement.

COMPTABILITÉ.

BUREAU
DES ÉCRITURES CENTRALES.

MINISTÈRE DE L'INSTRUCTION PUBLIQUE.

EXERCICE 18 .

Bordereau des annulations de payement à constater au compte du Ministre de l'instruction publique, et dont le montant est à rétablir à son crédit, par suite de reversements de fonds effectués dans les caisses du trésor pendant la durée de l'exercice 18 .

CHAPITRES SUR LESQUELS ONT ÉTÉ IMPUTÉS les payements à annuler.		ORDONNANCES sur lesquelles ont été effectués les payements à annuler.			COMPTABLES qui ont effectué les payements.	MONTANT des ANNULATIONS DE PAYEMENT		CAISSES DU TRÉSOR où les reversements ont été effectués.	DATES ET NUMÉROS des récépissés de reversement.	DÉSIGNATION DES PARTIES VERSANTES et motifs des reversements.	SOMME de récépissés joints au présent état.	OBSERVATIONS.
Numéros.	DÉSIGNATION.	Nature des ordonnances de payement ou de délégation.	Numéros.	Dates.		par ordonnance.	par chapitre.					

Arrêté le présent état à la somme de

à rétablir au crédit du ministère, exercice 18

Paris, ce

18

Le Chef de la division de comptabilité,

DÉPARTEMENT

d

MODÈLE N° 19.

Art. 125 du Règlement.

MINISTÈRE DE L'INSTRUCTION PUBLIQUE.

CERTIFICAT DE RÉIMPUTATION.

EXERCICE 18

Je soussigné, Préfet du département d
déclare que le mandat de la somme de

délivré par moi, le
sous le n°   , au profit de   pour (1)
et acquitté par le payeur dans le courant
du mois de   18   , a été, par erreur, imputé sur
l'ordonnance de délégation n°   du chapitre   article
et qu'il doit être considéré comme étant délivré sur l'ordonnance de délégation
n°   du chapitre   article

(1) Indiquer la nature
de la dépense.

A   le   18   .

MODÈLE N° 20.

Art. 148 du règlement.

MINISTÈRE DE L'INSTRUCTION PUBLIQUE.

PRÉFECTURE

DU DÉPARTEMENT d

EXERCICE 18 .

JOURNAL GÉNÉRAL

DES

ORDONNANCES DE DÉLÉGATION,

DATES DE L'ARRIVÉE des extraits ou avis d'ordonnances de délégation à la préfecture.	NUMÉROS des ordonnances.	DATES des ORDONNANCES.	DÉSIGNATION DES CHAPITRES DU BUDGET.		MONTANT des ORDONNANCES de délégation.	OBSERVATIONS.
			Numéros.	Services.		
		Décemb. 18 .				
				TOTAL de décembre		
		Janvier 18 .				
				TOTAL de janvier..		
				REPORT du mois précédent..		
				TOTAL au 1er février.		
		Février 18 .				
				TOTAL de fév. 18 .		
				REPORT des mois précédents.		
				TOTAL au 1er mars..		
		Mars 18 ...				
				TOTAL de mars....		
				REPORT des mois précédents.		
				TOTAL au 1er avril..		
		Avril 18 ..				
				A REPORTER....		

MODÈLE N° 21.

Art. 148 du règlement.

MINISTÈRE DE L'INSTRUCTION PUBLIQUE.

PRÉFECTURE

DU DÉPARTEMENT d

EXERCICE 18 .

JOURNAL GÉNÉRAL

DES

LIQUIDATIONS OU DROITS CONSTATÉS.

NUMÉROS d'ordre des liquidations ou droits constatés.	DATES des LIQUIDATIONS ou droits constatés.	DÉSIGNATION DES CHAPITRES DU BUDGET.		NOMS des CRÉANCIERS.	DÉSIGNATION SOMMAIRE de l'objet des créances.	MONTANT DES LIQUIDATIONS ou droits constatés.	NUMÉROS des mandats délivrés en payement ou pour à-compte.	OBSERVATIONS. (Indiquer les motifs des annulations de créances.)
		Numéros.	Services.					
	Janv. 18							
					Total de janvier..			
	Fév. 18 ..							
					Total de février...			
					Report du mois précédent..			
					Total au 1er mars..			
	Mars 18 .							
					A reporter...			

MODÈLE N° 22.

Art. 148 du Règlement.

MINISTÈRE DE L'INSTRUCTION PUBLIQUE.

PRÉFECTURE

DU DÉPARTEMENT d

EXERCICE 18 .

JOURNAL GÉNÉRAL

DES MANDATS DÉLIVRÉS.

NUMÉROS		DATES	DÉSIGNATION DES CHAPITRES DU BUDGET.		NOMS	OBJETS	MONTANT	DÉSIGNATION des pièces justificatives	OBSERVATIONS.
des liquidations, ou droits constatés.	des mandats de payement.	DES MANDATS de payement.	Numéros.	Services.	ET QUALITÉS des parties prenantes.	DES DÉPENSES mandatées.	DES MANDATS des délivrés pour payement ou pour à-compte.	produites à l'appui de chaque mandat ou des mandats précédents auxquels les pièces ont été jointes.	(Indiquer sommairement les motifs des annulations.)
		Janv. 18							
						TOTAL de janvier.			
		Fév. 18 ..							
						TOTAL de février.			
						REPORT du mois précédent..			
						TOTAL au 1er mars			
		Mars 18 ..							
						A REPORTER..			

MODÈLE N° 23.

Art. 148 du Règlement.

MINISTÈRE DE L'INSTRUCTION PUBLIQUE.

PRÉFECTURE

DU DÉPARTEMENT d

EXERCICE 18 .

LIVRE

DES COMPTES OUVERTS,

PAR CHAPITRE,

AUX DIVERS SERVICES COMPRIS DANS LE BUDGET

DU MINISTÈRE DE L'INSTRUCTION PUBLIQUE.

PRÉFECTURE
DU DÉPARTEMENT

d

EXERCICE 18 .

* Le n° et le titre du chapitre.

Compte ouvert du CHAPITRE *

DATE ET NATURE des OPÉRATIONS.	DONNANCES de délégation délivrées.	LIQUIDATIONS ou droits constatés.	MANDATS délivrés.	MANDATS payés.	OBSERVATIONS.
TOTAUX de janvier 18					
TOTAUX de février 18					
REPORT d mois précédent					
TOTAUX au 1er mars 18					
TOTAUX de mars 18					
REPORT d mois précédent					
TOTAUX au 1er avril 18					

NOTA. Les opérations relatives aux ordonnances de délégation, aux liquidations ou droits constatés et aux mandats délivrés devront être rapportées, *par journée*, d'après les journaux spéciaux, et les mandats payés d'après les bordereaux mensuels du payeur.

DÉPARTEMENT

d

EXERCICE 18 .

MOIS

d   18 .

MODÈLE N° 24.

Art. 155 du Règlement.

MINISTÈRE DE L'INSTRUCTION PUBLIQUE.

EXERCICE 18 .

Bordereau détaillé des Mandats collectifs et individuels délivrés pendant le mois d   18   , sur la caisse du payeur du département.

NUMÉROS des articles sur lesquels les mandats sont imputés.	NUMÉROS des mandats.	NOMS ET QUALITÉS DES PARTIES, objet de la dépense et temps qu'elle concerne.	MONTANT de chaque MANDAT. d	MONTANT, PAR ARTICLE, DES MANDATS DÉLIVRÉS			NOMBRE ET NATURE DES PIÈCES à l'appui de chaque mandat, dont le double est ci-joint.
				pendant le mois	antérieurement, suivant le dernier bordereau.	TOTAL au 1ᵉʳ	
		CHAPITRE					

Certifié véritable :

A   le   18 .

Le Préfet du département

DÉPARTEMENT

d

COMPTABILITÉ

BUREAU
des
ÉCRITURES CENTRALES.

MODÈLE N° 25.

Art. 157 du Règlement.

MINISTÈRE DE L'INSTRUCTION PUBLIQUE.

EXERCICE 18 .

Bordereau de clôture ou *État de situation, au 31 octobre 18 , des dépenses du Ministère de l'instruction publique payables sur les mandats du Préfet.*

CHAPITRES législatifs.	SERVICES.	MONTANT des ordonnances cumulées.	DROITS CONSTATÉS au 1er octobre 18 .	MANDATS DÉLIVRÉS an 1er octobre 18 .	MANDATS PAYÉS au 31 octobre 18 .	SOMMES restant À PAYER sur les droits constatés.	OBSERVATIONS.
	TOTAUX........						

EXERCICE 18 .

Développement des sommes restant à payer au 31 octobre 18   , sur les droits constatés au 30 septembre précédent, pour dépenses du Ministère de l'instruction publique.

FONDS DU TRÉSOR.

CHAPITRES législatifs.	SERVICES.	NOMS ET QUALITÉS des créanciers.	OBJET de CHAQUE CRÉANCE.	SOMMES DUES		OBSERVATIONS. (Indiquer dans cette colonne les créances qui ont été mandatées avant le 1ᵉʳ octobre et celles qui n'ont pu l'être.)
				à chaque créancier.	sur chaque chapitre du budget.	
			A REPORTER.....			

Suite du *Développement des sommes restant à payer sur les fonds du trésor.*

CHAPITRES législatifs.	SERVICES.	NOMS ET QUALITÉS des créanciers.	OBJET de CHAQUE CRÉANCE.	SOMMES DUES		OBSERVATIONS.
				à chaque créancier.	sur chaque chapitre du budget.	
		REPORT.........	....			
		TOTAL.........				

FONDS DÉPARTEMENTAUX.

État des sommes non employées par les payements, au 31 octobre 18   , et à reporter au budget de l'exercice 18 .

CHAPITRES législatifs.	SERVICES.	MONTANT des sommes à reporter à l'exercice 18 .	OBSERVATIONS.
	TOTAL........		

FONDS SPÉCIAUX.

État des sommes non employées par les payements, au 31 décembre 18   , et à reporter au budget de l'exercice 18 .

CHAPITRES législatifs.	SERVICES.	MONTANT des sommes à reporter à l'exercice 18 .	OBSERVATIONS.

Vu :

Le Payeur,   A

Certifié véritable :

le   18,

Le Préfet du département d

NOMENCLATURE

DES PIÈCES JUSTIFICATIVES.

RÉPERTOIRE

DE LA NOMENCLATURE DES PIÈCES À PRODUIRE AUX PAYEURS.

NOMENCLATURE GÉNÉRALE

DES PIÈCES A PRODUIRE

AUX PAYEURS DU TRÉSOR PUBLIC,

EN EXÉCUTION DE L'ARTICLE 65 DE L'ORDONNANCE ROYALE DU 31 MAI 1838,
À L'APPUI DES ORDONNANCES ET MANDATS
DÉLIVRÉS POUR LE PAYEMENT DES DÉPENSES DU MINISTÈRE.

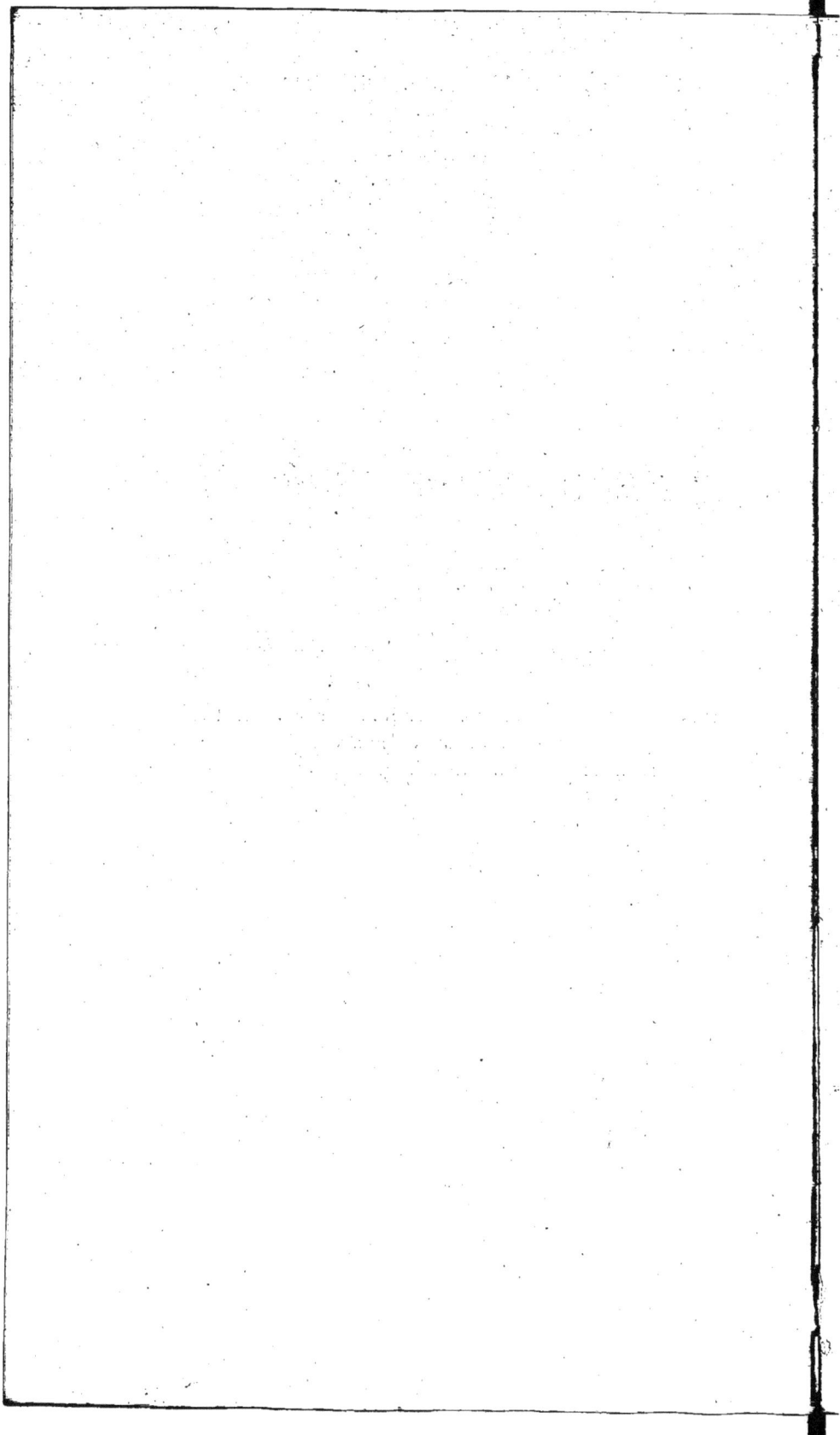

OBSERVATIONS GÉNÉRALES

ET PRÉLIMINAIRES.

1° Lorsque plusieurs pièces justificatives de dépenses sont produites à l'appui d'une ordonnance ou d'un mandat de payement, elles doivent être accompagnées d'un bordereau énumératif, conforme au modèle n° 7.

2° Toutes les pièces justificatives doivent être revêtues du visa, soit d'un fonctionnaire administratif délégué par le ministre, soit de l'ordonnateur secondaire qui a délivré le mandat, ou de la personne spécialement déléguée par lui à cet effet. Toutefois, lorsque ces pièces sont accompagnées du bordereau mentionné à l'article précédent, le bordereau seul est visé. Le visa doit être daté.

3° Toutes les fois qu'il est fait plusieurs payements pour acquitter un même service, l'ordonnance ou le mandat de solde doit rappeler les pièces jointes à l'ordonnance ou au mandat de premier à-compte, et indiquer la date et le numéro de cette ordonnance ou de ce mandat. En cas de payement intégral, la totalité des pièces est produite à l'appui de l'ordonnance ou du mandat.

4° Les extraits de décisions produits à l'appui des payements doivent toujours énoncer les motifs qui établissent les droits des créanciers.

5° Lorsque des fonctionnaires ont obtenu des congés ou ont été envoyés en mission extraordinaire, la décision du ministre est relatée, soit sur les états de traitement, soit sur les ordonnances de payement.

6° Les extraits de marchés ou conventions produits à l'appui des ordonnances ou mandats doivent contenir toutes celles des dispositions de ces actes administratifs qui concourent au règlement et au payement de la créance. Dans le cas où un extrait ne serait pas suffisamment développé, le payeur serait autorisé à en exiger un plus complet.

7° Les mandats, factures et états justificatifs à produire à l'appui des dépenses doivent toujours indiquer la date précise de l'exécution des travaux, fournitures, ouvrages et autres frais et dépenses qu'il s'agit de payer.

Les entrepreneurs et fournisseurs doivent certifier véritables leurs mémoires ou factures et en exprimer le montant en toutes lettres.

8° Les ordonnances ou mandats de *premier payement* à délivrer au nom de tout entrepreneur ou fournisseur assujetti à un cautionnement matériel doivent être appuyés d'une déclaration de l'ordonnateur, faisant connaître la date de la réalisation de la garantie exigée et la nature des valeurs qui y ont été affectées.

Les cautionnements en *numéraire* doivent être versés à la caisse des dépôts et consignations.

Dans le cas où le cautionnement n'aurait pas été réalisé dans le délai fixé par le marché ou la convention, le payement ne pourrait avoir lieu que sur la production d'un certificat de l'ordonnateur, constatant que le retard ne provient pas du fait du créancier, ou que le ministre lui a accordé une prorogation de délai. La preuve de la réalisation doit toujours être produite dans le plus bref délai.

9° Les avances autorisées par l'article 99 du règlement, en faveur des services régis par économie, s'obtiennent :

La *première*, sur une copie de l'arrêté de l'ordonnateur qui l'autorise, indiquant approximativement le montant de la dépense à faire;

Les *subséquentes*, par la production d'une demande de l'agent spécial du service, arrêtée par l'ordonnateur, lequel doit certifier que le nouveau payement ne portera pas la somme avancée au delà de la limite de 20,000 fr., déterminée par le règlement.

10° Le récépissé exigé pour quittance des comptables pourvus de registres à souche ou à talon n'étant pas à la disposition de l'ordonnateur, quand il délivre son ordonnance ou son mandat, n'est produit qu'au moment du payement.

11° Toute pièce produite à l'appui d'une ordonnance ou d'un mandat de payement, et dont la dénomination est suivie de la lettre (T) dans la nomenclature, doit être timbrée, lorsque la dépense qu'elle concerne excède *dix francs*.

Jusqu'à ce qu'une instruction spéciale et complète ait réglé toutes les dispositions relatives à l'application du droit de timbre, ce droit ne pourra être exigé pour aucune autre pièce.

12° Lorsque l'avis de l'ordonnance ou le mandat sont quittancés par le créancier réel de l'État, il n'est pas nécessaire de fournir de quittance isolée et distincte ; l'avis de l'ordonnance ou le mandat sont, s'il y a lieu, soumis au timbre à l'*extraordinaire.* Le droit n'est pas calculé sur la dimension de la feuille : il est invariablement de trente-cinq centimes.

13° Si la quittance est produite séparément, comme cela arrive lorsqu'elle doit être extraite d'un registre à souche ou à talon, ou si elle se trouve au bas des factures, mémoires ou contrats, l'avis de l'ordonnance ou le mandat n'en doivent pas moins être quittancés *pour ordre.*

14° Lorsque les titres, factures ou mémoires timbrés portent quittance, ou que la quittance est produite séparément sur papier timbré, l'acquit donné *pour ordre* au bas des avis d'ordonnances ou mandats n'entraîne pas le timbre des ces pièces.

15° Si le titulaire de l'avis d'ordonnance ou du mandat n'est qu'un intermédiaire entre l'État et ses créanciers, la quittance qu'il donne en touchant les fonds n'est qu'une formalité d'ordre qui ne nécessite pas le timbre. Les droits sont perçus, s'il y a lieu, sur les quittances des créanciers réels, que l'intermédiaire est tenu de rapporter ultérieurement.

16° Tout avis d'ordonnance de payement, tout mandat ou toute pièce de dépense présentant, dans leur partie manuscrite, des ratures ou surcharges non approuvées, doivent être refusées par le payeur, et ne peuvent donner lieu à payement qu'après régularisation par le signataire.

17° Aucun payement ne pouvant s'effectuer que sur quittance de la partie prenante, cette condition est sous-entendue dans tous les cas où, pour simplification, elle n'a pas été exprimée à la nomenclature.

18° La partie prenante dénommée aux ordonnances ou mandats doit toujours être le créancier réel, c'est-à-dire la personne qui a fait le service, effectué les fournitures, les travaux, etc., ou qui a le droit direct à la somme à payer.

19° Dans le cas de décès, l'ordonnance ou le mandat porte seulement l'indication que le payement doit être fait aux héritiers du créancier réel. C'est au payeur que l'on doit justifier des droits à l'hérédité.

20° Tous mémoires, factures, décomptes, lettres de voitures ou pièces quelconques de comptabilité annexés aux ordonnances ou mandats de payement, et énumérant des quantités en poids ou mesures, doivent être rejetés, si ces pièces expriment ces quantités autrement qu'en poids et mesures décimaux, conformément à la loi du 4 juillet 1837.

CHAPITRES SPÉCIAUX.	SERVICES ET ARTICLES.	ANALYSE DU MODE D'ADMINISTRATION, DE COMPTABILITÉ et de payement.	PIÈCES À PRODUIRE AUX PAYEURS DU TRÉSOR, à l'appui des ordonnances et mandats de payement.	OBSERVATIONS.
CHAPITRE Ier. ADMINISTRATION CENTRALE. (Personnel.)	Traitement et frais de premier établissement du ministre.	Le traitement du ministre est payé chaque mois, à terme échu, sur ordonnance directe délivrée au nom de l'agent chargé du service intérieur du ministère. Ce traitement n'est pas passible des retenues pour les fonds de retraite. Les frais de premier établissement alloués, dans certains cas, au ministre, sont réglés par une ordonnance royale rendue conformément aux dispositions de la loi du 24 avril 1833 (art. 11), et sont ordonnancés et payés comme le traitement.	Traitement .... Décompte individuel, émargé pour quittance et certifié par le ministre. — Frais de premier établissement ...... 1° Expédition de l'ordonnance royale qui alloue la dépense; 2° Quittance.	
	Traitements des directeurs, chefs et employés des bureaux, gages des huissiers, garçons de bureau et autres gens de service. — Travaux extraordinaires; indemnités et secours.	Les traitements des directeurs sont fixés par ordonnance royale. Ceux des chefs et employés, et les gages des huissiers, garçons de bureau et autres gens de service, sont fixés par décisions ministérielles, et sont payés chaque mois, à terme échu, sur ordonnance directe délivrée au nom de l'agent du ministère. Ces appointements sont passibles des retenues prescrites par l'article 156 titre IX du règlement spécial auquel la présente nomenclature est annexée. Le montant de ces retenues est ordonnancé encaissement et en même temps que les traitements, au nom du caissier de la caisse des dépôts et consignations. Les indemnités pour travaux extraordinaires et les secours sont ordonnancés au nom des employés et des gens de service.	Traitements, appointements et gages ...... 1° États nominatifs émargés pour quittance par les parties prenantes, indiquant les grades, appointements ou gages annuels, décomptes pour le mois, retenues et net à payer; lesdits états arrêtés par le ministre et certifiés véritables, quant aux signatures, par le chef de la division de comptabilité; 2° Copie ou extrait certifié de l'ordonnance portant fixation du traitement des fonctionnaires nommés par le Roi (1). — Retenues pour la caisse des retraites ...... 1° Décompte des retenues opérées (ce décompte est indiqué sur l'état des traitements); 2° Récépissé à talon délivré par le caissier de la caisse des dépôts et consignations. — Indemnités et secours aux employés et gens du service ...... Lettres d'avis quittancées, ou état collectif, émargé et certifié comme pour les appointements.	(1) Cette pièce n'est produite qu'au premier payement.
CHAPITRE II. ADMINISTRATION CENTRALE. (Matériel.)	Chauffage	Les fournitures et travaux de l'administration centrale sont faits, suivant leur nature et leur importance, soit au moyen d'adjudications publiques, au rabais et sur soumission cachetées, soit aux prix courants du commerce et de gré à gré avec l'administration, soit à prix de règlements fixés par l'architecte, lorsqu'il s'agit de travaux ordinaires relatifs à l'entretien des bâtiments. Les fournitures pour le service des bureaux et de l'hôtel ont lieu sur des commandes approuvées par le chef du secrétariat, et soumises au contrôle du chef de la division de comptabilité. La fourniture du bois de chauffage est faite au moyen d'adjudication publique ou sur soumission approuvée par le ministre; les conditions en sont exprimées dans un cahier des charges qui sert de base à l'adjudication.		
	Éclairage	L'éclairage au gaz et à l'huile des cours et bâtiments est fourni en vertu de marchés passés avec l'administration; les prix à payer sont fixés par heure et par bec de lumière. La bougie et l'huile à brûler sont livrés aux prix réglés par adjudication ou soumission approuvée du ministre.		
	Fournitures et entretien des bureaux	Il en est de même de tous les articles de papeterie; un bordereau contenant l'indication des objets à fournir, accompagné d'échantillons, est joint au cahier des charges. Les articles non prévus audit bordereau sont livrés à des prix débattus et convenus entre l'administration et le papetier. Les objets de quincaillerie, brosserie et ébénisterie sont fournis à des prix convenus. La gravure et la fourniture des cachets et des timbres est faite d'après le même mode.	Achats de denrées, matières et effets divers, par voie d'adjudication, de soumission ou de marché .... 1° Mémoires ou factures (T) certifiés et quittancés; 2° Copie ou extrait certifié (T) du cahier des charges et du procès-verbal d'adjudication, de la soumission ou du marché approuvé suivant le cas (1); 3° Certificat de réception délivré par l'agent du service intérieur, constatant, lorsqu'il y a lieu, l'inscription sur l'inventaire, des objets mobiliers. Le certificat d'inscription relate le numéro de l'inventaire.	(1) Cette copie n'est jointe qu'à la première ordonnance, délivrée pour payement de fournitures faites en vertu de l'adjudication, de la soumission, ou du marché. On rappelle sur les ordonnances délivrées subséquemment le numéro de celle à l'appui de laquelle cette pièce a été produite.

CHAPITRES spéciaux.	SERVICES et articles.	ANALYSE ou mode d'administration, de comptabilité et de payement.	PIÈCES à produire aux payeurs du trésor, à l'appui des ordonnances et mandats de payement.	OBSERVATIONS.
CHAPITRE II. (Suite.)	Fournitures et entretien des bureaux. (Suite.)	Une somme fixe de 3 francs par mois est accordée à chaque employé pour lui tenir lieu des menues fournitures de bureau qui sont à sa charge. Cette somme est ordonnancée par trimestre, sur état émargé comme pour les traitements; l'ordonnance est au nom de l'agent du service intérieur.	**Indemnités de frais de bureau aux employés.** États nominatifs trimestriels, émargés pour quittance, arrêtés, certifiés et visés comme pour les appointements.	Ces pièces sont comprises dans le bordereau des dépenses diverses produit par l'agent du service intérieur, à l'appui des ordonnances pour solde délivrées en son nom.
	Impressions.	Les impressions sont exécutées à l'imprimerie royale; les tarifs des travaux et fournitures de cet établissement sont chaque année discutés et consentis par un comité de délégués des divers ministères. Ces tarifs servent de règle pour la vérification des mémoires de l'imprimerie royale. Les têtes de lettres ou autres impressions, soit lithographiques, soit en caractères mobiles, sont exécutées aux prix courants du commerce.	**Impressions. (Imprimerie royale.)** 1° Mémoires certifiés et visés par le ministre; 2° Quittances du caissier. **Impressions diverses.** 1° Mémoires (T) certifiés et visés par le ministre; 2° Quittances.	
	Entretien des bâtiments et du mobilier.	L'entretien et les réparations locatives des bâtiments s'exécutent, sous la direction du chef du secrétariat, par les soins de l'architecte du ministère. Les mémoires des entrepreneurs sont vérifiés et réglés par cet architecte, et soumis ensuite à l'approbation du ministre. Le montant en est ordonnancé au nom des créanciers. L'architecte reçoit des honoraires proportionnels. Les achats d'objets mobiliers sont faits de gré à gré aux prix de commerce. Il n'y a d'exception à cette règle que pour les articles fournis par le tapissier, dont les mémoires sont soumis au règlement de l'architecte.	**Entretien ordinaire des bâtiments et réparations locatives.** 1° Mémoires (T) des entrepreneurs, certifiés, réglés, quittancés et visés; 2° Copie (T) ou extrait certifié (T) des marchés ou conventions, si les travaux d'entretien sont exécutés par abonnement. **Honoraires de l'architecte.** 1° Bordereau détaillé (T) des dépenses faites, d'après lequel est établie la somme proportionnelle qui est due pour honoraires; 2° Quittance sur la lettre d'avis. **Achats d'objets mobiliers.** 1° Factures ou mémoires (T) quittancés, réglés dans les cas indiqués, et visés; 2° Certificat de l'agent du service intérieur constatant la réception des objets et leur inscription sur l'inventaire du mobilier. Le certificat d'inscription relate le numéro de l'inventaire.	
	Contributions, frais de régie des domaines, frais judiciaires.	Les contributions payables à Paris sont acquittées par l'agent du service intérieur, sur les avances qui lui sont faites. Il justifie des payements par la production des quittances à souche des percepteurs et des extraits du rôle des contributions directes. Le montant des contributions à payer dans les départements est ordonnancé directement au nom des receveurs, sur les extraits de rôles dont le bordereau est visé par le ministre. Les frais de régie sont réglés par le ministre; le montant en est ordonnancé au nom des ayants droit. Les frais judiciaires et les honoraires de l'avoué sont payés d'après le même mode.	**Contributions.** *A Paris.* 1° Quittances à souche des percepteur; 2° Extraits du rôle des contribuables. *Dans les départements.* 1° Quittances à souche du percepteur; 2° Extraits du rôle des contributions; 3° Bordereau des sommes dues, certifié et visé. **Frais de régie des domaines.** Mémoires (T) dûment réglés, quittancés et visés. **Frais judiciaires.** 1° États de frais (T) dûment taxés; 2° Quittance sur la lettre d'avis.	
	Dépenses diverses et imprévues; cérémonies, illuminations, etc.	Une indemnité fixe est allouée aux huissiers du ministère pour leur habillement. Le montant en est ordonnancé au nom de l'agent du service intérieur. La fourniture pour l'habillement des garçons de bureau et des portiers est faite par adjudication ou en vertu de marchés approuvés par le ministre; elle se compose, pour chaque individu, d'un habit, d'un gilet et d'un pantalon en drap bleu. Les portiers reçoivent en outre une redingote, une indemnité de quatorze francs est allouée pour le chapeau. L'administration est abonnée aux eaux de la ville de Paris; le montant de l'abonnement est ordonnancé au nom du trésorier de la ville. Les dépenses pour cérémonies, illuminations, les frais divers d'administration, tels que blanchissage, balayage, transport d'objets divers, commissionnaires, location de voitures, etc., sont faits par l'agent du service intérieur, sous la direction du chef du secrétariat. Ils sont acquittés au moyen d'ordonnances délivrées au nom de l'agent qui est tenu de rapporter les mémoires, factures, ou récépissés des créanciers réels, et de constater en outre, lorsqu'il y a lieu, la réception des objets livrés, et l'inscription sur l'inventaire des effets mobiliers.	**Indemnités d'habillement aux huissiers.** États nominatifs émargés pour quittance, indiquant la somme à payer à chaque individu, arrêtés et visés. **Fournitures d'habillement en nature.** 1° Mémoires (T) réglés, quittancés et visés; 2° États nominatifs émargés pour quittance, certifiés et visés. **Abonnement aux eaux de Paris.** 1° Mémoires (T) de l'administration des eaux de Paris, quittancés et visés; 2° Copie ou extrait de la décision fixant l'abonnement à l'appui du premier payement; 3° Quittance à souche du trésorier. **Dépenses diverses.** 1° Mémoires ou factures (T) certifiés et quittancés; 2° Bordereau des dépenses, certifié et visé par le ministre; 3° Certificat de l'agent du service intérieur, constatant la réception des objets et leur inscription sur l'inventaire du mobilier lorsqu'il y a lieu. Le certificat d'inscription relate le numéro de l'inventaire.	

CHAPITRES SPÉCIAUX.	SERVICES ET ARTICLES.	ANALYSE DU MODE D'ADMINISTRATION, DE COMPTABILITÉ et de payement.		PIÈCES À PRODUIRE AUX PAYEURS DU TRÉSOR, à l'appui des ordonnances et mandats payement.	OBSERVATIONS.
CHAPITRE III. CONSEIL ROYAL et INSPECTEURS GÉNÉRAUX DE L'UNIVERSITÉ.	Traitements des membres du conseil royal.	Les traitements du conseil royal sont payés chaque mois, à terme échu, sur ordonnance directe délivrée au nom de l'agent chargé du service intérieur du ministre. Ces traitements sont passibles de retenues pour le fonds de retraite dont le montant est ordonnancé d'après le même mode que les retenues exercées sur les traitements des employés.	Traitements des membres du conseil royal.	État nominatif émargé pour quittances par les membres du conseil, indiquant le traitement annuel, le décompte mensuel, la retenue et le net à payer; ledit état arrêté par le ministre.	
			Retenues au produit de la caisse des retraites.	1° Décompte des retenues opérées; 2° Récépissé à talon délivré par le caissier de la caisse des dépôts et consignations.	
	Traitements des inspecteurs généraux.	Ces traitements, soumis à la retenue pour le fonds de retraite, sont payés en vertu d'une ordonnance directe collective délivrée au nom des inspecteurs généraux. Les retenues ordonnancées comme ci-dessus.	Traitements des inspecteurs généraux.	1° État nominatif émargé, portant les mêmes indications que les états ci-dessus, et arrêté par le ministre; 2° Lettre d'avis individuelle pour chaque partie prenante, quittancée par elle.	
			Retenues.	Même justification que pour les retenues exercées sur les traitements des membres du conseil royal.	
	Frais de tournées des inspecteurs généraux.	Lorsque les inspecteurs généraux sont envoyés en tournée ou en mission, il leur est délivré une ordonnance d'avance collective ou individuelle des deux tiers du montant présumé des frais de la tournée ou de la mission; à leur retour, ils fournissent l'état de leurs frais qui, après avoir été vérifié et arrêté, est joint à l'ordonnance délivrée pour solde. Ces frais sont réglés à raison des myriamètres et kilomètres parcourus et des journées d'absence. Ils peuvent, dans certains cas, être réglés à forfait.	Frais de tournées ou de missions des inspecteurs généraux.	*Pour avances.* Quittance individuelle. *Pour solde.* 1° État des frais, certifié par l'inspecteur et visé par le ministre, indiquant la somme totale due, le montant de l'avance faite, et le restant dû pour solde; 2° Quittance individuelle. *En cas de règlement à forfait.* 1° Mention de la décision ministérielle sur l'ordonnance; 2° Quittance.	
CHAPITRE IV. SERVICES GÉNÉRAUX.	École normale.	L'école normale est annexée au collége royal de *Louis le Grand*. Toutes les dépenses relatives à la nourriture, à l'entretien, à l'habillement des élèves, au chauffage à l'éclairage, à l'entretien des bâtiments et du mobilier sont faites par le collége, moyennant le prix de la pension qui est payé à cet établissement pour chaque élève boursier. Le ministre arrête, au commencement de l'année, le budget particulier des dépenses de l'école. Ces dépenses sont de trois espèces: 1° Les traitements pour la direction et l'enseignement; 2° Le prix des bourses; 3° Les frais de cours et autres dépenses du matériel.			
		Les traitements des fonctionnaires, des employés et gens de service de l'école sont ordonnancés mensuellement, à terme échu, au nom de la personne chargée de recevoir pour tous. Les traitements des fonctionnaires sont soumis aux retenues pour le fonds de retraite. Ceux des employés et gens de service n'en sont pas passibles.	Traitements du directeur, des fonctionnaires et des employés.	Même mode de justification que pour le personnel de l'administration centrale, soit quant aux traitements, soit quant aux retenues.	
		Chaque trimestre, un à compte sur le prix des bourses est ordonnancé au nom de l'économe du collége de Louis le Grand. À la fin de l'année, lorsque tous les faits qui s'y rattachent sont accomplis et connus, le solde de la dépense est ordonnancé après liquidation définitive.	Bourses.	*A compte.* 1° État nominatif des élèves présents le premier jour du trimestre; 2° Quittance à souche de l'économe du collége; *Solde.* 3° État de liquidation définitive de la dépense de chaque trimestre, avec le résumé général de la dépense de l'année, à la suite de l'état du quatrième trimestre; 4° Quittance à souche de l'économe.	
		Les frais de cours et autres dépenses du matériel sont ordonnancés au nom des créanciers réels, d'après le même mode que les dépenses de l'administration centrale.	Frais de cours et autres dépenses du matériel.	Même mode de justification que pour les dépenses de l'administration centrale. (Certificat de réception et de prise en charge au bas des états, mémoires ou factures d'objets destinés, soit aux collections, soit aux cabinets, soit à la bibliothèque, constatant leur inscription aux divers catalogues tenus à cet effet.)	

CHAPITRES SPÉCIAUX.	SERVICES ET ARTICLES.	ANALYSE DU MODE D'ADMINISTRATION, DE COMPTABILITÉ et de payement.	PIÈCES À PRODUIRE AUX PAYEURS DU TRÉSOR, à l'appui des ordonnances et mandats de payement.		OBSERVATIONS.
CHAPITRE IV. (Suite.)	Traitements des agrégés.	L'état des agrégés qui ont droit au traitement est arrêté pour chaque trimestre, par le ministre, en conseil royal. Ce traitement est soumis aux retenues pour le fonds de retraite. Les traitements des agrégés qui sont attachés aux collèges royaux de Paris sont ordonnancés au nom des économes des collèges. Les traitements des autres agrégés, soit à Paris, soit dans les départements, sont payés en vertu d'ordonnances directes collectives délivrées au profit des titulaires. Le montant des retenues est ordonnancé au nom du caissier de la caisse des dépôts et consignations, comme pour les traitements des autres fonctionnaires.	Traitements des agrégés attachés aux collèges royaux de Paris	État nominatif émargé pour quittance par les parties prenantes, indiquant le traitement brut, le décompte pour le mois, la retenue et le net à payer : cet état est certifié par le proviseur, arrêté par l'inspecteur général chargé de l'administration de l'académie de Paris, et visé par le ministre ou par son délégué.	
			Traitements des agrégés libres et des agrégés attachés aux collèges royaux dans les départements	1° État nominatif non émargé, à l'appui de l'ordonnance; 2° Quittances individuelles.	
			Retenues	Mêmes justifications que pour les retenues exercées sur les traitements des employés de l'administration centrale.	
	Traitements et indemnités aux fonctionnaires, professeurs et régents non employés	L'état de ces traitements et indemnités est arrêté chaque mois par le ministre; le montant en est ordonnancé directement au profit des titulaires. Ces traitements et indemnités ne sont pas passibles des retenues pour le fonds de retraite.		1° État nominatif arrêté par le ministre; 2° Quittances individuelles.	
	Indemnités pour frais de déplacement et pour interruptions de traitements	Les indemnités pour frais de déplacement et pour interruption de traitement sont réglées par le ministre en conseil royal et ordonnancées directement et individuellement au nom des parties prenantes. Les indemnités de déplacement ne s'accordent que lorsque le fonctionnaire appelé d'un emploi à un autre n'a obtenu ni avancement, ni augmentation de traitement. Dans l'Université, les traitements ne sont payés qu'à partir du jour de l'installation; il en résulte nécessairement, pour le fonctionnaire promu, interruption de traitement depuis le jour où il a cessé ses fonctions précédentes, jusqu'à celui où il est installé dans son nouvel emploi. Cette interruption donne lieu à une indemnité qui est, comme le traitement, soumise aux retenues pour le fonds de retraite. Les ordonnances délivrées pour interruption de traitement indiquent le décompte de la somme due, les retenues pour le fonds de retraite, et le net à payer.	Indemnités pour frais de déplacement	1° Décompte de l'indemnité sur l'ordonnance de payement. En cas de règlement à forfait, mention de la décision ministérielle; 2° Quittance.	
			Indemnités pour interruption de traitements	1° Décompte de l'indemnité sur l'ordonnance de payement; 2° Quittance.	
			Retenues	1° Décompte des retenues sur l'ordonnance de payement; 2° Récépissé à talon du caissier de la caisse des dépôts et consignations.	
	Frais de concours pour l'agrégation	Ces frais se composent des indemnités allouées aux juges des concours et de quelques menues dépenses de matériel. Les indemnités sont réglées d'après le nombre des séances auxquelles chaque juge a assisté. L'état en est arrêté par le ministre en conseil royal; le montant de la dépense est ordonnancé au nom de la personne autorisée à recevoir pour tous. Les menus frais de matériel sont également réglés par le ministre, en conseil royal. Le montant en est acquitté sur ordonnance de payement délivrée, soit au nom des créanciers réels, soit au nom de l'agent qui a été chargé de faire la dépense.	Droits de présence aux juges	États nominatifs émargés pour quittance, indiquant le nombre des séances auxquelles chaque juge a assisté, la somme allouée par séance et le total de la somme due: lesdits états certifiés par l'inspecteur général chargé de l'administration de l'Académie de Paris, et arrêtés par le ministre.	
			Dépenses diverses, menus frais	1° Mémoires et factures (T) des fournisseurs, certifiés et quittancés; 2° Bordereau de la dépense, arrêté, certifié et visé.	
	Frais du concours général des collèges royaux de Paris et de Versailles et des collèges particuliers	Les frais du concours général se composent, 1° Des droits de présence alloués aux juges du concours; 2° Des indemnités aux examinateurs des compositions envoyées par les collèges des départements; 3° Des achats de livres, impressions, décorations de la salle de la distribution des prix et autres dépenses de matériel. Les dépenses sont faites sous la direction de l'inspecteur général chargé de l'administration de l'Académie de Paris, et le montant en est réglé par le ministre en conseil royal. Les ordonnances de payement sont délivrées, soit au nom des créanciers réels, soit au nom de l'agent de l'Académie chargé des menues dépenses du matériel.		Même mode de justification que pour les dépenses relatives au concours de l'agrégation.	

CHAPITRES SPÉCIAUX.	SERVICES ET ARTICLES.	ANALYSE DU MODE D'ADMINISTRATION, DE COMPTABILITÉ et de payement.	PIÈCES À PRODUIRE AUX PAYEURS DU TRÉSOR, à l'appui des ordonnances et mandats de payement.		OBSERVATIONS.
CHAPITRE IV. (Suite.)	Examen des livres pour l'instruction secondaire et pour l'instruction primaire............	Les indemnités allouées aux personnes chargées de l'examen des livres pour l'instruction secondaire et pour l'instruction primaire sont ordonnancées au nom des titulaires, sur états nominatifs arrêtés par le ministre.	1° État nominatif arrêté par le ministre; 2° Quittances individuelles.		
	Bibliothèque de l'Université............	Le budget de la bibliothèque est réglé en conseil royal de l'instruction publique. Ampliation en est adressée au conservateur, qui doit se renfermer dans la limite du crédit accordé pour chaque article, à moins d'une autorisation spéciale. Les dépenses se composent, 1° Des traitements des conservateurs, employés et gens de service; 2° Des achats de livres, reliures et autres frais du matériel. Les traitements ne sont pas passibles de retenues pour le fonds de retraite.	Traitements et gages....{ État nominatif émargé pour quittances, certifié et visé par le ministre. Matériel............ { Même justification que pour les dépenses de même nature à l'école normale.		
	Frais de service divin à la Sorbonne........	Les dépenses se composent, 1° Des appointements des ecclésiastiques chargés du service divin et des gages d'un sacristain; 2° De l'entretien et autres menus frais du matériel. Les appointements et gages sont ordonnancés sous retenues au nom de la personne chargée de recevoir pour tous, et les dépenses du matériel, au nom des créanciers réels.	Même justification que pour les dépenses de la bibliothèque.		
CHAPITRE V. ADMINISTRATIONS ACADÉMIQUES.		ADMINISTRATIONS ACADÉMIQUES. Le budget des dépenses de chaque académie est réglé par le ministre en conseil royal de l'instruction publique. Ampliation en est transmise au recteur et au préfet qui ne peuvent excéder les crédits accordés pour chaque article sans une autorisation spéciale. Ces crédits sont réalisés au moyen d'ordonnances de délégation dont le montant cumulé est indistinctement appliqué par le préfet au payement de toutes les dépenses autorisées sur le chapitre, soit par le budget, soit par des décisions postérieures.			
	Traitements des recteurs, inspecteurs et secrétaires des académies....	Ces traitements sont fixés par le budget. Ils sont payés par mois, à terme échu, savoir : A Paris, sur ordonnances directes, 1° Au nom de l'agent spécial de l'académie pour la somme nette à payer, déduction faite des retenues au profit du fonds de retraite; 2° Au nom du caissier général de la caisse des dépôts et consignations, pour le montant des retenues. Dans les départements, sur mandats des préfets, au nom des agents spéciaux des académies, pour la somme nette à payer seulement. En raison de l'existence de plusieurs caisses de retraites pour le département de l'instruction publique, et de leur spécialité individuelle, les retenues opérées dans les départements continuent à être directement ordonnancées par le ministre au nom du caissier général de la caisse des dépôts et consignations. Pendant les dix-huit premiers mois de l'exercice, il est délivré des ordonnances d'à-compte à valoir sur le produit des retenues. L'ordonnance de solde n'est émise que lorsque les comptes rendus par les préfets ont été vérifiés et que le montant total de ces retenues a été définitivement arrêté.	États nominatifs dûment arrêtés et régulièrement émargés par les ayants droit. Lesdits états indiquant les grades, traitements annuels, décomptes du mois, retenues et net à payer. A défaut d'émargement, l'état doit en indiquer la cause. 1° Décompte des retenues; 2° Récépissé à talon délivré par le caissier de la caisse des dépôts et consignations. Mêmes états que pour l'académie de Paris. Récépissé à talon délivré par le caissier de la caisse des dépôts et consignations. 1° État de liquidation arrêté par le ministre, constatant les retenues opérées dans chaque département, leur montant total, les à-compte payés et la somme à payer pour solde; 2° Récépissé à talon comme ci-dessus.		

CHAPITRES SPÉCIAUX.	SERVICES ET ARTICLES.	ANALYSE DU MODE D'ADMINISTRATION, DE COMPTABILITÉ et de payement.	PIÈCES À PRODUIRE AUX PAYEURS DU TRÉSOR, à l'appui des ordonnances et mandats de payement.	OBSERVATIONS.
CHAPITRE V. (Suite.)	Frais de bureau des recteurs.	Les frais de bureau des recteurs dans les départements sont alloués au budget à titre d'abonnement annuel. Ils sont payés à la fin de chaque mois, sur mandat du préfet, soit au titulaire, soit à l'intérimaire. Les appointements des employés des bureaux de l'Académie de Paris sont payés, par mois, à terme échu, par ordonnance directe. Ils ne sont point passibles des retenues au profit du fonds de retraite. Les fournitures de bureau, les frais de chauffage, d'éclairage, d'entretien du mobilier et des bâtiments, etc., sont également payés sur ordonnances directes, soit au profit des fournisseurs, soit au nom de l'agent spécial de l'Académie, à titre d'avance, dont il est tenu de rendre compte dans le délai d'un mois.	1° Décompte individuel certifié par le recteur, et, s'il y a lieu, par l'intérimaire, indiquant le taux annuel de l'abonnement et la somme due pour le mois; 2° Quittance. Mêmes états que pour les fonctionnaires de l'Académie, sauf les retenues pour le fonds de retraite. 1° Mémoires ou factures (T) certifiés et quittancés; 2° Bordereaux dûment arrêtés et visés.	
	Frais de tournées des recteurs et inspecteurs des académies.	La somme qui peut être employée aux frais de tournées est déterminée par le budget de chaque Académie. Le recteur arrête à l'avance l'itinéraire des tournées, en fixe la durée, et transmet au préfet l'état approximatif de ces frais. Le préfet délivre aux parties, à titre d'avance, des mandats d'à-compte jusqu'à concurrence des deux tiers de la dépense présumée, et dont le montant ne peut excéder les deux tiers du crédit alloué au budget. Ces frais sont réglés, à raison des myriamètres parcourus et des journées d'absence, par le recteur, en conseil académique. Ce fonctionnaire en adresse le compte au préfet, qui, après l'avoir vérifié, délivre son mandat pour solde. Une allocation à forfait est accordée à l'inspecteur général chargé de l'administration de l'Académie de Paris, et aux inspecteurs de cette académie pour les inspections ordinaires du département de la Seine. Elle est ordonnancée directement par le ministre, à titre d'abonnement, à la fin de chaque trimestre. Les frais de tournées dans les six autres départements du ressort académique, sont réglés et arrêtés comme ceux des autres académies, et payés sur ordonnances directes.	1° État approximatif de frais dressé par le recteur, avec proposition d'avance; 2° Quittance. Compte définitif de la tournée, dûment réglé et arrêté, présentant le montant total de la dépense, l'à-compte payé et la somme à payer pour solde. État nominatif émargé pour quittances, indiquant le taux annuel d'abonnement et la somme due pour le trimestre. Mêmes justifications que pour les frais de tournées des autres académies.	
	Dépenses diverses et imprévues.	Ces dépenses comprennent les gages des concierges et portiers des Académies, les frais de réparations des bâtiments et d'entretien du mobilier, etc.; la somme qui peut être affectée aux dépenses est réglée par le budget. Elles sont ordonnancées ou mandatées directement au profit des créanciers réels.	1° États et mémoires (T) dûment certifiés et réglés; 2° Quittances; 3° Certificat de réception, constatant l'inscription des objets acquis sur l'inventaire du mobilier.	
CHAPITRE VI. INSPECTION DES ÉCOLES PRIMAIRES.	Traitements des inspecteurs et sous-inspecteurs.	Les traitements des inspecteurs et sous-inspecteurs des écoles primaires sont payés par mois, à terme échu, comme ceux des fonctionnaires des académies. Ils sont soumis aux mêmes règles et sont également passibles des retenues pour le fonds de retraite.	Même mode d'ordonnancement et de justification que pour les traitements des fonctionnaires des académies, tant à Paris que dans les départements.	
	Frais de tournées des inspecteurs et sous-inspecteurs.	Ces frais ne sont point remboursés sur pièces de dépense. Ils sont réglés à forfait par le ministre, à la fin de chaque trimestre, sur les rapports et documents qui lui sont transmis par les recteurs et les préfets. L'allocation est accordée à titre d'indemnité de frais de tournées, et est l'objet d'un ordonnancement spécial. À Paris, l'indemnité est accordée à titre d'abonnement annuel et ordonnancée par trimestre, à terme échu.	Copie ou extrait de la lettre ministérielle qui fixe l'indemnité. Décompte collectif ou individuel, indiquant le taux annuel de l'abonnement, et la somme due pour le trimestre.	

CHAPITRES SPÉCIAUX.	SERVICES ET ARTICLES.	ANALYSE DU MODE D'ADMINISTRATION, DE COMPTABILITÉ et de payement.	PIÈCES À PRODUIRE AUX PAYEURS DU TRÉSOR, à l'appui des ordonnances et mandats de payement.		OBSERVATIONS.

INSTRUCTION SUPÉRIEURE. — FACULTÉS.

Les budgets des facultés sont, comme ceux des académies, réglés par le ministre, en conseil royal de l'instruction publique. Ampliation en est transmise au recteur et au préfet, qui, à moins d'une autorisation expresse, ne peuvent excéder les limites des crédits.

Ces crédits sont également réalisés au moyen d'ordonnances de délégation dont le montant cumulé est indistinctement appliqué au payement de toutes les dépenses autorisées sur le chapitre, soit par les budgets des diverses facultés, soit par des décisions postérieures.

Personnel. Les dépenses du personnel se composent :
1° Des traitements fixes des professeurs, *soumis aux retenues pour le fonds de retraite* ;
2° Du préciput du doyen et des appointements et gages des employés et gens de service, *non passibles de retenue* ;
3° Des droits de présence aux examens et thèses.

Les traitements fixes des professeurs, le préciput du doyen et les appointements et gages des employés et gens de service, sont payables par mois, à terme échu, comme ceux des fonctionnaires des académies.

Les droits de présence sont payés par trimestre. Ils sont l'objet d'un ordonnancement spécial.

Matériel. Les dépenses du matériel ont pour objet,
1° *Les frais de cours*, le chauffage, l'éclairage, les frais de bureau et autres menus frais d'entretien, etc.
Ces dépenses peuvent être régies par économie et acquittées au moyen d'avances faites à l'agent spécial de la faculté.
2° Les frais de concours pour l'agrégation.
Ces frais se composent de droits de présence, ou indemnités allouées aux membres des jurys à raison du nombre de séances, et de menus frais matériels.
Ils ne sont ordonnancés ou mandatés qu'après avoir été réglés par le ministre, en conseil royal.

Personnel. Les dépenses du personnel se composent,
1° Des traitements fixes des professeurs, suppléants et secrétaire *soumis aux retenues pour le fonds de retraite* ;
2° Un préciput du doyen et des traitements éventuels, non passibles de retenues ;
3° Des appointements et gages des employés et gens de service, *non assujettis aux retenues.*
Toutes ces dépenses sont payables par mois, à terme échu, comme celles des facultés de théologie, des sciences et des lettres.

Les préciput et traitements éventuels des facultés des départements sont réglés, chaque année, après le 15 juillet, proportionnellement au nombre moyen des élèves, résultant du nombre des inscriptions prises dans la première quinzaine des quatre trimestres de l'année scolaire. Les six premiers mois sont payés d'après la fixation provisoire portée au budget. La décision qui en fixe la quotité pour l'année est transmise à chaque faculté.
Si cette quotité est la même que celle qui est prévue au budget, les états des six derniers mois continuent à être dressés comme ceux des six premiers mois.

Traitements, préciput, appointements et gages...	Même mode d'ordonnancement et de justification que pour les traitements des fonctionnaires des académies, tant à Paris que dans les départements, soit pour le net à payer aux parties, soit pour les retenues au profit du fonds de retraite.
Droits de présence.....	État trimestriel émargé, portant décompte de la somme totale acquise collectivement aux membres de la faculté, d'après le nombre des examens et thèses du trimestre, et la somme due à chacun, d'après le nombre de ses présences.
Dépenses ordinaires du matériel...........	1° Mémoires ou factures (T) quittancés ; 2° Bordereau des dépenses, dûment certifié et arrêté ; 3° Certificat de réception des objets acquis et d'inscription sur l'inventaire, lorsqu'il y a lieu.
Frais de concours......	*Droits de présence.* État nominatif émargé, certifié par le président du jury, indiquant le nombre de séances auxquelles chacun a assisté et la somme due. *Frais matériels.* Mémoires ou factures (T) des fournisseurs, quittancés, certifiés et visés.
Traitements fixes, appointements et gages	Même mode d'ordonnancement et de justification que pour les traitements des fonctionnaires des académies, tant à Paris que dans les départements.
Traitements éventuels...	État nominatif émargé, énonçant les qualités, le taux annuel *provisoire* ou *définitif* des traitements, et la somme due pour le mois.

Left column services:
- CHAPITRE VII. INSTRUCTION SUPÉRIEURE.
  - Facultés de théologie, des sciences et des lettres.
  - Facultés de droit........

CHAPITRES spéciaux.	SERVICES et articles.	ANALYSE du mode d'administration, de comptabilité et de payement.	PIÈCES à produire aux payeurs du trésor, à l'appui des ordonnances et mandats de payement.		OBSERVATIONS.
CHAPITRE VII. (Suite.)	Faculté de droit. (Suite.)	*Si elle est supérieure*, il est établi pour le mois de juillet un état présentant le décompte de la somme due à chacun pour les sept premiers mois, d'après la fixation définitive, la somme reçue pour les six premiers mois et celle qui reste due pour solde. *Si elle est inférieure*, il n'est point dressé d'état pour le mois de juillet; celui du mois d'août présente alors le décompte de la somme due pour huit mois, les à-comptes reçus et le solde à payer. Les derniers mois de l'année sont payés d'après la fixation définitive. *A Paris*, le préciput est fixé et payé avec les traitements fixes. Les traitements éventuels se composent uniquement des droits de présence aux examens et thèses. Ils sont payés par trimestre comme ceux des facultés de théologie, des sciences et des lettres. *Matériel.* Les dépenses du matériel ont pour objet: 1° Le chauffage, l'éclairage, l'entretien des bâtiments et du mobilier, les achats de livres pour les bibliothèques et pour les prix aux élèves, et les frais de bureau; Ces dépenses peuvent être régies par économie et acquittées au moyen d'avances faites à l'agent comptable de la faculté; 2° Les frais de concours pour les places vacantes. Ces frais se composent de droits de présence ou indemnités allouées aux membres du jury à raison du nombre de séances, et de menus frais matériel. Ils ne sont ordonnancés ou mandatés qu'après avoir été régis par le ministre au conseil royal. *Personnel.* Les dépenses du personnel sont: 1° Les traitements fixes des professeurs, le préciput du doyen et les traitements des fonctionnaires, soumis aux retenues pour le fonds de retraite, sauf le préciput; 2° Les appointements et gages des employés et gens de service, non assujettis aux retenues; Ces traitements et appointements sont payables par mois, à terme échu. 3° Les droits de présence, ou traitements éventuels des professeurs et des agrégés. Un minimum annuel de droits de présence est alloué aux professeurs par le budget; il est payable par quart à la fin de chaque trimestre. Si le montant des droits de présence que les règlements attribuent aux professeurs sur le produit effectif des droits d'examens et thèses est supérieur au minimum alloué au budget, le supplément nécessaire est accordé et réparti entre les professeurs à titre de complément de droits de présence qui leur sont acquis pour l'année expirée. Les droits de présence des agrégés se bornent à la part qui leur est réservée par les règlements sur le produit effectif des droits d'examens et thèses. Elle leur est payée à la fin de chaque trimestre sur un état de répartition séparé. Conformément aux articles 27 et 28 de l'ordonnance du 2 février 1833, il est exercé sur les droits de présence des professeurs et des agrégés des retenues pour cause d'absence, qui sont réparties exclusivement entre ceux qui n'ont manqué à aucune convocation pendant le trimestre.		
			Traitements éventuels des 7° un 8° mois........	État émargé, établi dans la forme indiquée ci-contre.	
			Droits de présence payés à Paris..........	État trimestriel émargé, portant décompte de la somme totale acquise collectivement aux membres de la faculté, d'après le nombre des examens et thèses du trimestre, et la somme due à chacun, à raison du nombre de ses présences.	
			Dépenses ordinaires du matériel..........	1° Bordereau des dépenses, dûment certifié et arrêté; 2° Mémoires ou factures (T) quittancés; 3° Certificat de réception des objets acquis et d'inscription sur l'inventaire ou le catalogue, s'il y a lieu.	
			Frais de concours......	*Droits de présence.* État nominatif émargé, certifié par le président du jury, énonçant le nombre des séances auxquelles chacun a assisté et la somme due. *Frais matériels.* Mémoires ou factures (T) des fournisseurs, quittancés, certifiés et visés.	
	Facultés de médecine...		Traitements fixes, appointements et gages....	Même mode d'ordonnancement et de justification que pour les traitements des fonctionnaires des académies, soit à Paris que dans les départements, soit pour le net à payer aux parties, soit pour les retenues au profit du fonds de retraite.	
			Minimum des droits de présence des professeurs.....	État de répartition émargé, avec décomptes individuels, établissant les sommes intégrales dues pour chaque professeur, les retenues pour cause d'absence, la quote-part des présents dans le produit de ces retenues, et la somme à payer à chacun.	
			Complément des droits de présence des professeurs......	État émargé présentant, 1° le décompte de la somme totale acquise collectivement aux professeurs, d'après le nombre des examens et thèses de l'année; de la somme totale qu'ils ont reçue à titre de minimum, et de celle qui reste due pour complément; 2° La répartition de cette somme, indiquant la somme acquise à chacun, déduction faite des retenues pour cause d'absence, celle qui a été payée à-compte, à titre de minimum, et celle qui reste due pour solde.	
			Droits de présence des agrégés........	État émargé, établissant, 1° La somme collectivement acquise aux agrégés d'après le nombre des examens et thèses du trimestre; 2° La répartition de cette somme, indiquant la part brute de chacun, les retenues pour cause d'absence, la quote-part des présents dans le produit des retenues, et la somme à payer.	

CHAPITRES SPÉCIAUX.	SERVICES ET ARTICLES.	ANALYSE DU MODE D'ADMINISTRATION, DE COMPTABILITÉ et de payement.		PIÈCES À PRODUIRE AUX PAYEURS DU TRÉSOR, à l'appui des ordonnances et mandats de payement.	OBSERVATIONS.
CHAPITRE VII. (Suite.)	Facultés de médecine... (Suite.)	*Matériel.* Les dépenses du matériel ont pour objet, 1° Le chauffage et l'éclairage, les frais de cours, les prix aux élèves, l'entretien des bâtiments et du mobilier, les frais de bureau et autres menus frais ;	Dépenses ordinaires du matériel...........	Mêmes justifications que pour les dépenses du matériel des facultés de droit.	
		2° L'augmentation de la bibliothèque et des collections : Ces dépenses peuvent être régies par économie et acquittées au moyen d'avances faites à l'agent comptable de la faculté ;	Augmentation des collections.............	1° Mémoires et factures (T) des instruments et objets achetés dûment quittancés, certifiés et visés ; 2° Déclaration de prise en charge et d'inscription des objets acquis, sur les catalogues.	
		3° Les frais de concours pour les places vacantes. Ces frais se composent de droits de présence, ou indemnités allouées aux membres du jury à raison du nombre de séances, et de menus frais matériels. Ils ne sont, comme les autres facultés, ordonnancés ou mandatés qu'après avoir été réglés par le ministre, en conseil royal.	Frais de concours......	Mêmes justifications que pour ceux des facultés de droit.	
		Personnel. Les dépenses du personnel se composent, 1° Des traitements fixes des professeurs et du secrétaire, et du préciput du directeur, soumis aux retenues pour le fonds de retraite, sauf le préciput ; 2° Des appointements et gages des appariteurs, employés et gens de service, non assujettis aux retenues ; Ces traitements et appointements sont payables par mois, à terme échu ;	Traitements fixes, appointements et gages......	Même mode d'ordonnancement et de justification que pour les traitements des fonctionnaires des académies, tant à Paris que dans les départements, soit pour le net à payer aux parties, soit pour les retenues au profit du fonds de retraite.	
		3° Des droits de présence aux examens et manipulations, ou traitements éventuels des professeurs et agrégés. Ils sont payables à la fin de chaque trimestre, comme dans les facultés de médecine. Conformément aux articles 27, 28 et 36 de l'ordonnance du 2 février 1823, déclarés applicables aux écoles de pharmacie par arrêté du 19 février 1841, il est exercé sur les droits de présence des professeurs et agrégés des retenues pour cause d'absence, tant aux examens qu'aux assemblées et commissions. Ces retenues sont réparties exclusivement entre ceux qui n'ont manqué à aucune convocation pendant le trimestre.	Droits de présence......	État émargé, établissant, 1° La somme totale collectivement acquise aux professeurs et agrégés, d'après le nombre des examens subis pendant le trimestre ; 2° La répartition de cette somme, indiquant la part brute de chacun, les retenues pour cause d'absence, la quote-part des présents dans le produit de ces retenues, et la somme à payer à chacun.	
	Écoles de pharmacie....	*Matériel.* Les dépenses du matériel ont pour objet, 1° Le chauffage, l'éclairage, les frais de cours, de préparation et de manipulation des élèves, tant à l'école pratique que lors de leur dernier examen ; l'entretien des bâtiments, du mobilier et du jardin botanique ; les prix aux élèves, les frais de bureau, etc. ;	Dépenses ordinaires du matériel...........	Mêmes justifications que pour les dépenses du matériel des facultés de médecine.	
		2° L'augmentation des collections et de la bibliothèque : Ces dépenses peuvent être régies par économie et acquittées au moyen d'avances faites à l'agent comptable de l'école ;	Augmentation des collections et de la bibliothèque.........	Mêmes justifications que pour les collections des facultés de médecine.	
		3° Les frais de concours pour l'agrégation. Ces frais se composent de droits de présence, ou indemnités allouées aux membres du jury, à raison du nombre de séances, et de menus frais matériels. Ils ne sont, comme dans les facultés, ordonnancés et mandatés qu'après été réglés par le ministre, en conseil royal.	Frais de concours......	Mêmes justifications que pour ceux des facultés.	

CHAPITRES SPÉCIAUX.	SERVICES ET ARTICLES.	ANALYSE DU MODE D'ADMINISTRATION, DE COMPTABILITÉ et de payement.	PIÈCES À PRODUIRE AUX FAVEURS DU TRÉSOR, à l'appui des ordonnances et mandats de payement.	OBSERVATIONS.
CHAPITRE VII (Suite.)	Remises sur les droits d'inscriptions, d'examens et de diplômes.	Les remises sont prononcées en conseil royal par le ministre, en vertu de l'article 8 de la loi de finances du 24 mai 1834. Elles précèdent ou suivent l'accomplissement des actes dont les droits sont remis. Les étudiants ou candidats qui ont obtenu des remises à l'avance sont dispensés de consigner les droits. Le montant en est directement ordonnancé par le ministre au nom des secrétaires des facultés, qui en sont déclarés comptables envers le trésor public; mais les receveurs des finances surveillent au recouvrement jusqu'à ce qu'ils aient reçu les ordonnances. Lorsqu'elles leur sont parvenues, ils les font quittancer par les secrétaires, leur en délivrent récépissé, en touchent le montant à la caisse du payeur, et s'en chargent en recette.	Droits remis avant l'accomplissement des actes............	État trimestriel dûment émargé par les titulaires des remises, et certifié par le recteur ou le doyen, énonçant la date des décisions, la nature des actes accomplis, leur date et la quotité des droits remis.	
		Les droits afférents à des actes accomplis avant les décisions qui en ont prononcé la remise, ayant déjà été soldés et se trouvant définitivement acquis au trésor, sont remboursés aux titulaires des remises sur ordonnance directe du ministre.	Droits remis après l'accomplissement des actes............	Certificat du secrétaire agent-comptable énonçant; 1° La date, l'objet et le montant de la consignation; 2° La date à laquelle la somme consignée est devenue droit définitivement acquis au Trésor.	
	Collections et bibliothèques des facultés....	Les sommes à employer pour l'augmentation des collections et des bibliothèques sont fixées, chaque année, par les budgets des facultés. Les objets à acquérir ne sont point déterminés à l'avance. Les achats sont subordonnés, notamment pour les collections et pour les cabinets de physique et de chimie, aux découvertes et aux progrès des sciences, ainsi qu'aux offres faites par les naturalistes et les voyageurs. Les livres, instruments et autres objets achetés sont inscrits sur des catalogues au fur et à mesure des livraisons et réceptions, et la prise en charge par l'agent chargé de leur conservation est mentionnée au pied des factures et mémoires, avec l'indication des numéros d'inscription de chaque objet, s'il y a lieu. Ces dépenses peuvent, comme les dépenses ordinaires du matériel, être régies par économie et acquittées au moyen d'avances.		Mémoires et factures des livres, instruments et objets achetés, suivis de la déclaration de prise en charge par l'agent chargé de leur conservation, indiquant la date, et, s'il y a lieu, le numéro d'inscription de chaque objet sur le catalogue.	
CHAPITRE VIII INSTRUCTION SECONDAIRE.	Dépenses fixes des collèges royaux............	Le budget de l'État alloue une subvention qui est répartie entre les collèges royaux pour aider à payer les traitements fixes des fonctionnaires et professeurs de ces établissements. Cette répartition est réglée par ordonnance royale. La subvention est ordonnancée par quart, chaque trimestre, au nom des économes des collèges, d'après les états arrêtés par le ministre.	Quittance à souche de l'économe.		
	Bourses royales; dégrèvements.	Le prix des bourses entretenues par l'État, est dû aux collèges, à partir du premier jour du mois de l'entrée des élèves. Un à-compte est ordonnancé pour chaque trimestre, au nom des économes et au profit des collèges, d'après un état nominatif des élèves dressé au commencement du trimestre. A la fin du trimestre, quand tous les faits qui s'y rattachent sont accomplis et connus, on établit un second état qui constate le compte définitif de la dépense. Lorsque l'année est expirée, le complément de la dépense des quatre trimestres est ordonnancé pour solde.	Bourses royales............	*A-compte.* 1° État nominatif des élèves présents au premier jour du trimestre, indiquant la date de la nomination, et celle de l'entrée au collège, le taux des bourses ou fractions de bourse, la portion de temps à laquelle s'applique le payement et le décompte pour chaque élève; ledit état certifié par le proviseur, vérifié par le préfet et visé par le ministre; 2° Quittance à souche de l'économe. *Payement pour solde.* États nominatifs des élèves qui ont été présents pendant la durée des quatre trimestres, décompte et récapitulation sur l'état du quatrième trimestre précédent, 1° les sommes dues; 2° les sommes payées à compte; 3° le restant à payer pour solde. — Lesdits états revêtus des mêmes formalités que ceux qui sont produits à l'appui des payements pour à-compte.	

CHAPITRES SPÉCIAUX.	SERVICES ET ARTICLES.	ANALYSE DU MODE D'ADMINISTRATION, DE COMPTABILITÉ et de payement.	PIÈCES À PRODUIRE AUX PAYEURS DU TRÉSOR, à l'appui des ordonnances et mandats de payement.	OBSERVATIONS.
CHAPITRE VIII. (Suite.)	Bourses royales; dégrèvements............ (Suite.)	Les dégrèvements sur les frais de trousseau et de pension dus par les familles des boursiers royaux, sont prononcés par le ministre. Ils sont payés sur ordonnances directes délivrées au nom des économes qui s'en chargent en recette, et en justifient dans leur compte de gestion.	Dégrèvements......... Quittance à souche de l'économe.	
	Supplément à la portion du bon des colléges royaux qui peut être répartie entre les censeurs et professeurs conformément à l'ordonnance du 26 mars 1829.	D'après les ordonnances des 20 mars 1829 et 24 août 1833, le tiers des excédants de recettes de chaque collége peut être réparti à titre d'augmentation de traitement, entre les censeurs, professeurs et agrégés chargés d'une division de classe, qui ont rempli ces fonctions pendant cinq ans, dans les colléges royaux. Mais un assez grand nombre de colléges ne réalisant que de très-faibles excédants de recettes, les censeurs et professeurs de ces établissements seraient privés de l'avantage dont jouissent leurs collègues, si le Gouvernement ne leur accordait pas une subvention pour le payement de cette augmentation. A cet effet, un crédit est alloué au budget de l'État sous le titre de Supplément à la portion du bon des colléges royaux qui peut être répartie entre les censeurs et professeurs. Au commencement de chaque année le ministre arrête en conseil royal, l'état des censeurs, professeurs et agrégés chargés d'une division, qui ont droit, pour l'année, à des augmentations de traitement. Il détermine en même temps pour chaque collége, en le calculant sur les résultats des trois dernières années, le tiers des excédants de recettes qui peut être affecté au payement de ces augmentations, et il répartit entre les colléges dont les ressources sont insuffisantes, le crédit qui est porté au budget. Les sommes allouées aux colléges sont ordonnancées par semestre, au nom des économes, soit à Paris, soit dans les départements.	1° Mention sur l'ordonnance de payement, de la décision ministérielle qui fixe la répartition entre les colléges; 2° Quittance à souche de l'économe.	
	Remises sur la rétribution et sur le droit annuel.	Les remises sur la rétribution sont prononcées par le ministre en conseil royal, en vertu de l'article 8 de la loi du 24 mai 1834, et, comme les chefs d'école sont personnellement débiteurs et responsables envers le trésor de la totalité des rétributions dues par leurs élèves, le montant des remises est ordonnancé directement en leur nom. Le décompte des sommes à ordonnancer est établi à la fin de chaque trimestre, sur des états nominatifs transmis par les recteurs. Les lettres d'avis de payement sont adressées au receveur général des finances, qui les fait quittancer par les chefs d'école, et en touche le mandat à la caisse du payeur, en acquit des droits constatés à leur charge dans sa comptabilité. Les remises sur le droit annuel imposé aux chefs d'institution et maîtres de pension, sont également accordées par le ministre en conseil royal, et ordonnancées directement à leur profit. Les lettres d'avis de payement sont aussi adressées au receveur général qui les fait quittancer par les parties prenantes, et en touche le montant en acquit des droits constatés à leur charge dans sa comptabilité.	Remises sur la rétribution. État nominatif de répartition arrêté par le ministre, si l'ordonnancement est collectif; lettre d'avis de payement quittancée, si l'ordonnancement est individuel. Remises sur le droit annuel................ Idem.	

CHAPITRES SPÉCIAUX.	SERVICES ET ARTICLES.	ANALYSE DU MODE D'ADMINISTRATION, DE COMPTABILITÉ et de payement.	PIÈCES À PRODUIRE AUX PAYEURS DU TRÉSOR, à l'appui des ordonnances et mandats de payement.	OBSERVATIONS.
		Les dépenses de l'instruction primaire ont été créées par la loi du 28 juin 1833. Ces dépenses sont acquittées, partie avec les fonds des communes, partie avec les fonds des départements et de l'État.		
		1re PARTIE. — DÉPENSES ORDINAIRES. Les dépenses ordinaires de l'instruction primaire, sont : 1° Les subventions à fournir aux communes pour leur donner les moyens d'acquitter les dépenses ordinaires de leurs écoles primaires communales, c'est-à-dire le traitement de l'instituteur et les frais de location de la maison d'école ou l'indemnité de logement de l'instituteur (art. 12 et 13 de la loi du 28 juin 1833) ; 2° Les dépenses ordinaires des écoles normales primaires (art. 12 et 13 de la loi du 28 juin 1833) ; 3° Les menues dépenses des comités d'arrondissement et des commissions d'instruction primaire (art. 18, 20 et 13, § 3, de la loi du 28 juin 1833) et les frais divers d'impression pour les caisses d'épargne et de prévoyance des instituteurs (art. 15 et 13, § 3, de la loi du 28 juin 1833).		
CHAPITRES IX, X, et XI. DÉPENSES DE L'INSTRUCTION PRIMAIRE.	Dépenses ordinaires des écoles primaires communales.	Les dépenses ordinaires des écoles primaires communales sont établies par un état dressé par le préfet, et arrêté annuellement par le ministre de l'instruction publique. Au commencement de chaque trimestre, le préfet mandate, au nom du receveur municipal, les subventions à fournir, soit sur les fonds du département, soit sur les fonds de l'État, pour mettre la commune à même d'acquitter ces dépenses pour le trimestre expiré. Elles sont ensuite payées au moyen de mandats délivrés par le maire, sur la caisse communale.	Complément du traitement fixe des instituteurs, et des loyers des maisons d'école ou des indemnités de logement . . . . 1° Certificat d'exercice délivré par les membres du comité local de surveillance de l'école, et s'ils refusent de le délivrer, certificat du maire ou du sous-préfet, président du comité d'arrondissement, visé par le préfet; 2° État dressé par le préfet et indiquant 1° le nom de la commune; 2° celui de l'instituteur; 3° le montant de son traitement; 4° le montant de la subvention; 3° Quittance à souche (T) du receveur municipal.	Les frais de timbre sont une charge communale.
			Traitement de directeur et des maîtres-adjoints, et gages du portier . . . . État collectif chargé pour quittance, dressé par la commission de surveillance, et visé par le préfet.	
			Location du bâtiment où l'école est placée . . . . . Copie du bail et quittance (T) du propriétaire.	
	Dépenses des écoles normales primaires.	Les dépenses des écoles normales primaires sont fixées tous les ans par un budget qui est arrêté par le ministre de l'instruction publique, sur la proposition de la commission de surveillance de l'école. Toutes les dépenses portées au budget sont effectuées par le directeur, sous la haute surveillance de la commission. Elles sont acquittées en vertu de mandats du préfet délivrés au nom du directeur ou des fournisseurs. Les dépenses auxquelles il est pourvu avec le produit des bourses et pensions sont effectuées par le directeur ou l'économe, qui se borne à justifier de la présence des élèves dans l'école. Le boni, s'il y en a, reste, comme pour les collèges royaux, la propriété de l'école. Le traitement du directeur, maîtres-adjoints, maîtres d'étude, surveillants et gens de service, est acquitté tous les mois. Il est soumis à la retenue du vingtième dans le produit est versé dans la caisse d'épargne et de prévoyance des instituteurs, sauf le cas prévu au titre IX du présent règlement. Cette retenue n'est pas exercée sur le traitement des maîtres chargés de l'instruction morale et religieuse, ni sur celui des autres maîtres qui ne sont pas attachés exclusivement à l'école. L'achat du mobilier et du matériel d'enseignement, les frais de réparations, sont payés aussitôt que ces dépenses ont été effectuées, et que l'état ou le certificat de réception en a été produit. Les bourses et pensions des élèves-maîtres et des maîtres admis à la table commune sont payées tous les mois sur le directeur où à l'économie, sur la remise de l'état des élèves et maîtres qui ont été présents à l'école pendant le mois. Des à-compte peuvent être payés dans le mois sur la proposition de la commission de surveillance qui en fixe la quotité.	Entretien d'établissement. — Achat et entretien du mobilier. — Achat de livres et d'instruments pour la bibliothèque et les cabinets et collections ainsi que pour l'usage journalier des élèves. — Entretien d'instruments et frais de manipulations chimiques. — Menues dépenses de papier, plumes, encre, etc. — Abonnement au journal général de l'instruction publique . . . . 1° Mémoires (T) des ouvriers et fournisseurs, approuvés par la commission de surveillance et arrêtés par le préfet; 2° Certificat du directeur ou de l'économe, constatant la réception des objets et leur inscription sur l'inventaire du mobilier; et celle des livres et instruments sur les catalogues.	
			Bourses concédées, soit par les départements, soit par les communes, soit par l'État. — Pensions des élèves libres et des maîtres admis à la table commune . . . . . . État nominatif des élèves-maîtres et des maîtres admis à la table commune qui ont été présents dans le mois, certifié par la commission de surveillance et visé par le préfet. (Si le service des bourses a lieu à forfait, le mandat devra être accompagné d'un extrait du marché fait entre le préfet et la personne chargée de ce service.)	
			Acquisition, construction ou réparations extraordinaires de bâtiments . . . . 1° Copie de l'acte de vente; 2° Certificat d'avancement des travaux, délivré par l'architecte; 3° Procès-verbal de réception des travaux dressé par l'architecte; 4° Copie (T) ou extrait certifié (T) du l'acte d'adjudication des travaux ainsi que des marchés ou conventions, si les travaux sont exécutés par abonnement; 5° Mémoires (T) des entrepreneurs, certifiés, réglés, quittancés et visés.	
			Indemnités aux instituteurs qui suivent les cours spécial fait pour eux à l'école normale . . . État nominatif de présence, certifié par la commission de surveillance et visé par le préfet.	
			À-compte sur le montant des bourses et pensions . . . Proposition d'à-compte par la commission de surveillance visée par le préfet.	

CHAPITRES SPÉCIAUX.	SERVICES ET ARTICLES.	ANALYSE DU MODE D'ADMINISTRATION, DE COMPTABILITÉ et de payement.	PIÈCES À PRODUIRE AUX PAYEURS DU TRÉSOR, à l'appui des ordonnances et mandats de payement.	OBSERVATIONS.
	Dépenses des comités d'arrondissement........	Les dépenses des comités d'arrondissement sont fixées tous les ans par un budget qui est dressé par le comité et arrêté par le ministre. Elles sont acquittées aussitôt que le fournisseur a reçu son mémoire.	Fournitures faites aux comités.........} Mémoires (T) des fournisseurs, quittancés, certifiés et visés par le préfet.	
	Dépenses des commissions d'instruction primaire.	Les dépenses des commissions d'instruction primaire sont fixées tous les ans par un budget qui est dressé par l'inspecteur des écoles primaires, secrétaire de la commission, et arrêté par le préfet. Elles sont acquittées aussitôt que le fournisseur a remis son mémoire.	Fournitures faites aux commissions.........} Idem.	
	Frais d'impressions	Les impressions nécessaires au service de l'instruction primaire sont effectuées sur l'ordre du ministre de l'instruction publique ou du préfet. Elles sont acquittées aussitôt que le mémoire a été produit.	Impressions...........} Idem.	
CHAPITRES, IX, X et XI. DÉPENSES DE L'INSTRUCTION PRIMAIRE. (Suite.)	Subventions aux communes pour acquisition, construction et réparation de maisons d'école et achat de mobilier, tant pour écoles primaires de garçons et de filles que pour salles d'asile et classes d'adultes.	II° PARTIE. — AUTRES DÉPENSES RECONNUES NÉCESSAIRES À L'INSTRUCTION PRIMAIRE. Les subventions sur les fonds de l'État sont accordées à chaque commune individuellement, par arrêté du ministre. Les subventions sur les fonds départementaux sont accordées sur des états dressés par les préfets et approuvés par le ministre. Ces subventions sont mises à la disposition du préfet qui les fait verser dans la caisse communale aussitôt qu'on a justifié du commencement des travaux pour les constructions et réparations, ou de l'achat des bâtiments et du mobilier, pour les acquisitions.	Acquisition, construction et réparations de maisons d'école. — Achat et renouvellement du matériel des écoles....} 1° Certificat du maire visé par le préfet, constatant l'avancement des travaux pour les constructions et réparations, la date de l'acte d'achat pour les acquisitions et indiquant quelle somme fournit la commune; 2° Mémoire (T) du fournisseur visé par le maire et le préfet pour les achats de mobilier; 3° Copie de la décision ministérielle pour les subventions du trésor; 4° État de répartition proposé par le préfet et approuvé par le ministre pour les subventions sur les fonds départementaux; 5° Quittance à souche (T) du receveur municipal.	
	Secours et encouragements individuels à des instituteurs, institutrices, directeurs de salles d'asile et de classes d'adultes, et subventions aux instituteurs qui ne trouvent pas dans les revenus de leur emploi des moyens d'existence suffisants	Les dépenses de cette nature, imputées sur les fonds de l'État, sont allouées par décision du ministre de l'instruction publique. Les états des secours et encouragements imputés sur les fonds départementaux sont dressés par les comités d'arrondissement, revêtus de l'avis du recteur et définitivement arrêtés par le préfet qui délivre les mandats de payement.	Indemnités à des instituteurs et institutrices, directeurs de salles d'asile, de classes d'adultes. Secours d'anciens instituteurs. ....} État de répartition visé par le recteur et arrêté par le préfet pour les allocations sur les fonds départementaux. Quittance (T) lorsque le mandat a pour objet une indemnité.	
	Médailles d'encouragement pour l'instruction primaire	Ces médailles sont confectionnées d'après les ordres du ministre et distribuées par ses soins, après qu'il a arrêté la liste des personnes auxquelles elles doivent être remises.	Frais de confection de médailles.........} 1° Mémoire de la dépense visé par le ministre ou par son délégué et quittancé par le directeur de la monnaie des médailles; 2° Certificat de réception de la personne que le ministre a chargé de la conservation des médailles.	
	Achat de livres pour les élèves indigents qui fréquentent les écoles primaires.	Ces acquisitions sont autorisées par le ministre, qui approuve l'état des livres à acheter. Elles sont payées aussitôt que la fourniture a été faite.	Acquisition de livres élémentaires. ....} 1° Mémoire (T) du fournisseur, certifié, quittancé, visé par le préfet; 2° Certificat de réception de la personne chargée de la garde de ces livres, ou du chef de l'école à laquelle ils sont destinés.	
	Dons à la caisse d'épargne et de prévoyance des instituteurs	Les dons votés par le conseil général doivent être approuvés par le ministre. Le montant en est mandaté au nom du receveur général des finances.	Dons à la caisse d'épargne et de prévoyance des instituteurs. ....} 1° Extrait certifié du budget départemental; 2° Récépissé du receveur général.	

CHAPITRES spéciaux.	SERVICES et articles.	ANALYSE du mode d'administration, de comptabilité et de payement.
		ÉTABLISSEMENTS SCIENTIFIQUES ET LITTÉRAIRES.
		Les établissements scientifiques et littéraires sont administrés sous l'autorité immédiate du ministre de l'instruction publique, soit par des commissions formées dans leur sein, en vertu d'ordonnances royales ou de statuts, soit par des administrateurs ou des directeurs nommés par le ministre.
		La comptabilité de ces établissements est tenue par des agents dont les c optes sont certifiés et arrêtés par les commissions, par les administrateurs ou par les directeurs, et visés par le ministre ou par son délégué.
		Lorsque l'intérêt du service l'exige, les dépenses du matériel peuvent être régies par économie.
		Au commencement de l'année, le ministre arrête le budget particulier de chaque établissement. Une expédition de ce budget est transmise à l'administrateur ou au directeur qui est tenu de s'y conformer exactement, et de se renfermer dans la limite du crédit affecté pour chaque article de dépense, à moins d'une autorisation spéciale du ministre.
		L'ordonnance du 21 mars 1816 a attribué à chacune des académies composant l'Institut, la libre disposition des fonds qui lui sont ou lui seront spécialement affectés, en statuant, toutefois, que les frais de l'agence, du secrétariat, de la bibliothèque et des autres collections de l'établissement, seront communs aux cinq Académies.
		Un agent spécial, qui est en même temps chef du secrétariat, est chargé, sous la surveillance des commissions administratives, des opérations de comptabilité et de l'administration des dépenses du matériel.
		Les dépenses particulières à chaque académie se composent, savoir :
		1° Des indemnités et des droits de présence alloués aux membres;
		2° Des indemnités temporaires allouées, soit aux diverses commissions formées dans le sein de chaque académie, pour de grands travaux spéciaux, soit aux membres chargés de travaux particuliers;
CHAPITRE XII. INSTITUT.	Dépenses particulières des cinq Académies.	3° Des prix mis au concours;
		4° Des frais divers.
		Les indemnités fixes ou temporaires, et les droits de présence sont acquittés chaque mois, à terme échu, et ne sont pas passibles de retenues pour le fonds de retraite.
		Des crédits spéciaux sont portés au budget pour acquitter les prix que chaque académie met au concours et qui peuvent être décernés pendant la durée de l'exercice.
		Lorsque les prix sont décernés, le montant en est ordonnancé au nom de l'agent spécial de l'Institut qui est tenu de joindre à l'appui de l'ordonnance de payement, la quittance du lauréat avec extrait du procès-verbal de la séance dans laquelle le prix a été adjugé.
		Si des prix ne sont pas décernés avant la clôture de l'exercice, le crédit est annulé.

PIÈCES à produire aux payeurs du Trésor, à l'appui des ordonnances et mandats de payement.	OBSERVATIONS.
Indemnités et droits de présence . . . . 1° États nominatifs, par Académie, émargés pour quittances et certifiés; 2° Bordereau sommaire de dépenses, arrêté et visé.	

CHAPITRES SPÉCIAUX.	SERVICES ET ARTICLES.	ANALYSE DU MODE D'ADMINISTRATION, DE COMPTABILITÉ et de payement.	PIÈCES à produire aux payeurs du trésor, à l'appui des ordonnances et mandats de payement.	OBSERVATIONS.
CHAPITRE XII. (Suite.)	Dépenses particulières des cinq Académies..... (Suite).	Les académies peuvent ouvrir successivement plusieurs nouveaux concours, jusqu'à ce que les prix aient été remportés; elles peuvent également, si elles le jugent convenable, doubler les prix, en restant, toutefois, dans la limite des crédits qui leur ont été accordés pour cet objet aux budgets des exercices précédents, et dont elles n'auraient point fait emploi. Les prix accordés après la clôture d'un exercice sont acquittés au moyen de crédits supplémentaires provisoirement ouverts, par ordonnances royales, sur l'exercice pendant lequel ces prix sont décernés.	Prix des académies..... 1° Quittance du lauréat, certifiée et visée; 2° Extrait certifié conforme, du procès-verbal de la séance dans laquelle le prix a été adjugé.	
	Dépenses communes aux cinq académies.....	Les dépenses du matériel particulières aux académies, se composent d'achats de livres, d'instruments, de médailles distribuées pour encouragements ou récompenses, de frais d'écritures, impressions, ports de lettres et autres menues dépenses. Une commission composée de dix membres, dont deux sont pris dans chaque académie, est nommée pour administrer les dépenses et les services généraux de l'Institut. Cette commission est renouvelée chaque année. L'agent spécial, chef du secrétariat, est chargé sous la surveillance de la comptabilité et de l'administration de ces dépenses. Toutes les dépenses sont ordonnancées en son nom, et acquittées par lui. Elles ont pour objet, 1° Les appointements du bibliothécaire, des employés et gens de service attachés à la bibliothèque ou aux cabinets qui en dépendent; 2° Les appointements de l'agent spécial et chef du secrétariat, des employés, des huissiers, portiers et gens de service de l'agence; 3° Les dépenses générales du matériel qui sont communes aux académies. Les appointements sont payés chaque mois, à terme échu, d'après le même mode que les indemnités allouées aux membres, et ne sont pas passibles de retenues. Les dépenses générales du matériel se composent des frais de chauffage, d'éclairage, d'impressions, d'entretien de mobilier, d'achats de livres, d'instruments, d'objets destinés aux cabinets et collections, de frais de reliure, de fournitures de bureau et autres menues dépenses d'administration.	Frais divers..... 1° Mémoires ou factures (T) quittancés et certifiés; 2° Bordereau de dépense arrêté et visé; 3° Certificat constatant l'inscription, sur l'inventaire, des objets mobiliers; et celle des livres et des instruments, sur les catalogues des diverses collections. Appointements et gages.... 1° États nominatifs émargés pour quittances et certifiés; 2° Bordereau sommaire de dépense arrêté et visé. Dépenses du matériel; frais divers......... 1° Mémoires ou factures (T) quittancés et certifiés; 2° Bordereau de dépense arrêté et visé; 3° Certificat constatant l'inscription sur l'inventaire des objets mobiliers; celle des livres et des objets destinés aux collections et aux cabinets, sur les catalogues.	
CHAPITRE XIII. — COLLÉGE DE FRANCE.	Personnel............	La direction du Collége de France est confiée à un professeur nommé administrateur par le ministre. Les dépenses de l'établissement sont faites sous sa surveillance, par un secrétaire agent, au nom duquel les ordonnances sont délivrées. Les traitements des professeurs, les appointements des fonctionnaires et employés, et les gages des gens de service sont acquittés d'après le même mode que les indemnités allouées aux membres de l'Institut. Ces traitements, appointements et gages ne sont pas passibles de retenues pour le fonds de retraite.	Traitements, appointements et gages...... États nominatifs émargés pour quittances, certifiés et visés.	
	Matériel........	Les dépenses du matériel et menus frais d'administration sont régis par voie d'économie. Des avances sont faites pour ces dépenses, au secrétaire agent qui rend un compte détaillé de l'emploi des fonds, dans les délais prescrits. Les avances sont régularisées par l'ordonnancement de solde ou par le reversement de l'excédant de l'avance, s'il y a lieu.	Dépenses du matériel...... 1° Mémoires ou factures (T) quittancés et certifiés; 2° Bordereau de dépense arrêté par l'administrateur et visé par le ministre; 3° Certificat de l'administrateur constatant l'inscription sur l'inventaire, des objets mobiliers, et sur les catalogues, des objets destinés aux cabinets et aux collections.	

CHAPITRES SPÉCIAUX.	SERVICES ET ARTICLES.	ANALYSE DU MODE D'ADMINISTRATION, DE COMPTABILITÉ et de payement.	PIÈCES À PRODUIRE AUX PAYEURS DU TRÉSOR, à l'appui des ordonnances et mandats de payement.	OBSERVATIONS.
CHAPITRE XIV. MUSÉUM D'HISTOIRE NATURELLE.	Personnel............	Les dépenses du Muséum d'histoire naturelle et celles du jardin botanique sont faites par un agent spécial, sous la direction et la surveillance d'une commission administrative composée de trois membres, pris parmi les professeurs du Muséum. Ces dépenses sont de trois sortes, savoir: 1° Traitements des professeurs, appointements des fonctionnaires et employés, gages des gens de service, indemnités et gratifications pour travaux extraordinaires; 2° Traitements et indemnités alloués aux voyageurs naturalistes; 3° Dépenses du matériel. Les traitements, appointements et gages sont acquittés, chaque mois, à terme échu, au moyen d'ordonnances directes délivrées au nom de l'agent. Les indemnités et gratifications allouées à la fin de chaque année, sont acquittées d'après le même mode. Ces traitements, appointements, gages et indemnités ne sont pas passibles de retenues pour le fonds de retraite. Des traitements temporaires ou des indemnités réglés à forfait, sont alloués aux voyageurs naturalistes qui sont chargés d'explorer diverses parties du globe, dans l'intérêt de la science. Ces traitements ou indemnités peuvent être considérés comme des subventions; ils ne concourent qu'une partie des frais faits par les voyageurs. La dépense est acquittée, soit par trimestre, soit par semestre, selon les circonstances, et suivant les besoins du service, au moyen d'ordonnances délivrées au nom de l'agent qui est tenu de rapporter la quittance du voyageur.	Traitements, appointements et gages...... Idem.	États nominatifs émargés pour quittances, certifiés et visés.
	Matériel.............	Les dépenses du matériel se composent, savoir: 1° Salaires des gens de service et des ouvriers rétribués au mois ou à la journée; 2° Frais d'envoi et de transport des collections et des divers objets adressés au muséum, et des animaux destinés à la ménagerie; 3° Dépenses relatives au chauffage, à l'éclairage, à l'entretien, achats de denrées, de terres et engrais, et frais divers d'administration. Toutes les dépenses du matériel sont faites par voie d'économie et sont acquittées d'après le même mode que celles du collège de France.	Traitements et indemnités des voyageurs naturalistes........... Salaires et journées d'ouvriers............ Frais d'envoi et de transport de collections et d'animaux...... Dépenses diverses du matériel............	Quittances des créanciers réels ou des fondés de pouvoir, certifiées et visées. (En cas d'absence à l'étranger, certificat de vie revêtu du visa du consul français à l'appui de la procuration.) État de journées, certifié et acquitté, auquel est joint un rôle nominatif par journée. 1° Lettre de voiture (T) du transport par terre ou par eau, du port de débarquement jusqu'à Paris, acquittée par le porteur; 2° Certificat de réception du directeur du muséum sur ladite lettre; 3° Pièces justificatives du remboursement des frais, jusqu'à l'arrivée en France des objets transmis. 1° Mémoires ou factures (T), certifiés et quittancés; 2° Bordereau de dépenses, arrêté et visé; 3° Certificat constatant l'inscription sur l'inventaire des objets mobiliers; celle des livres et des objets destinés aux collections sur les divers catalogues du Muséum.	
CHAPITRE XV. BUREAU DES LONGITUDES ET OBSERVATOIRES.	Bureau des longitudes et observatoire de Paris...	L'administration des dépenses de cet établissement est dirigée par un membre du bureau des longitudes qui a le titre d'administrateur. Toutes les dépenses sont faites et acquittées par lui et ordonnancées en son nom. Les traitements des membres, des élèves astronomes, des employés et des gens de service, sont acquittés chaque mois, à terme échu, et ne sont pas passibles de retenues pour le fonds de retraite. Des indemnités annuelles sont allouées à l'administrateur, et au membre du bureau chargé du cours d'astronomie à l'observatoire. Ces indemnités sont acquittées par semestre. Les dépenses du matériel ont pour objet le renouvellement et l'entretien du mobilier, les achats de livres, d'instruments de physique et d'astronomie; les frais d'impression, de chauffage, d'éclairage et autres menues dépenses d'administration. Elles sont liquidées, ordonnancées et payées d'après le même mode que celles de l'institut.	Traitements, appointements et gages...... Indemnités annuelles à l'administrateur et au membre chargé du cours d'astronomie... Dépenses du matériel...	États nominatifs émargés pour quittances, certifiés et visés. Idem. 1° Mémoires ou factures (T) quittancés et certifiés; 2° Bordereau de dépenses arrêté et visé; 3° Certificat de l'administrateur constatant l'inscription sur l'inventaire des objets mobiliers; celle des livres sur le catalogue de la bibliothèque, et celle des instruments sur les catalogues des cabinets.	

CHAPITRES SPÉCIAUX.	SERVICES ET ARTICLES.	ANALYSE DU MODE D'ADMINISTRATION, DE COMPTABILITÉ et de payement.	PIÈCES À PRODUIRE AUX PAYEURS DU TRÉSOR, à l'appui des ordonnances et mandats de payement.	OBSERVATIONS.
CHAPITRE XV. BUREAU DES LONGITUDES ET OBSERVATOIRES. (Suite.)	Observatoire de Marseille.	Les dépenses de l'observatoire de Marseille sont régies par économie et ordonnancées au nom du directeur. Les avances sont faites sur la demande du préfet des Bouches-du-Rhône; elles sont justifiées par un compte détaillé de l'emploi des fonds, appuyé des mémoires et quittances des créanciers réels. Ces dépenses se composent du traitement du directeur, d'un directeur-adjoint, des gages d'un concierge, de l'achat et des réparations d'instruments et de quelques menus frais d'administration.	Traitements et gages.... États nominatifs émargés pour quittances, certifiés, arrêtés par le préfet et visés par le ministre. Dépenses du matériel... 1° Mémoires ou factures (T) quittancés et certifiés; 2° Bordereau des dépenses certifié, arrêté par le préfet et visé par le ministre; 3° Certificat du directeur constatant l'inscription des objets mobiliers sur l'inventaire; et celle des instruments sur le catalogue tenu à cet effet.	
CHAPITRE XVI et XVII. BIBLIOTHÈQUE ROYALE.	Personnel	Le personnel se compose d'un directeur, des conservateurs, des employés et des gens de service dont les appointements sont ordonnancés, chaque mois, sans retenues, au nom du conservateur chargé des fonctions de trésorier. Une indemnité pour frais de bureau et pour travaux relatifs à l'administration, est allouée au directeur et au trésorier, et ordonnancée d'après le même mode que les appointements.	Appointements et gages. . Indemnité au directeur et au trésorier........ Dépenses du matériel... Appointements et gages.. États nominatifs émargés pour quittances, certifiés et visés. Idem. 1° Mémoires ou factures (T) quittancés et certifiés; 2° Bordereau de dépense arrêté et visé; 3° Certificat constatant l'inscription sur l'inventaire, des objets mobiliers, et celle des livres, des manuscrits, des estampes, cartes, médailles ou autres objets destinés aux collections, sur les catalogues de ces collections.	
	Matériel.............	Les dépenses du matériel ont pour objet l'entretien des bâtiments et du mobilier, le chauffage, l'éclairage, les acquisitions de livres, de manuscrits, d'estampes, de cartes, de médailles ou autres objets d'antiquités, les frais de reliure et les dépenses diverses d'administration.		
CHAPITRE XVIII. SERVICE DES BIBLIOTHÈQUES PUBLIQUES.	Bibliothèque Mazarine .. Bibliothèque de l'Arsenal. Bibliothèque Sainte-Geneviève	L'administration des dépenses de ces établissements est dirigée par un conservateur, qui a le titre d'administrateur. Les dépenses sont faites sous sa responsabilité, et ordonnancées et son nom; elles sont liquidées, ordonnancées et payées d'après le même mode que celles de la bibliothèque royale.	Appointements et gages... Mêmes justifications que pour les traitements de la bibliothèque royale. Dépenses du matériel .... Mêmes justifications que pour les dépenses du matériel de la bibliothèque royale.	
	Service général des bibliothèques	Le traitement de l'inspecteur général des bibliothèques est acquitté sur le crédit porté à cet article. Le montant en est ordonnancé, chaque mois, sans retenue. Il est alloué en outre sur le même fonds, des indemnités de frais de tournées dont la quotité est déterminée, à forfait, par le ministre, d'après l'importance des travaux auxquels doit donner lieu chaque mission. Les sommes allouées aux villes pour subvenir aux frais que doit occasionner la rédaction ou l'impression du catalogue de leurs bibliothèques, sont ordonnancées au nom du maire, qui en fait verser le montant dans la caisse municipale.	Quittance sur la lettre d'avis. 1° Mention sur l'ordonnance de payement de la décision ministérielle qui fixe l'indemnité; 2° Quittance. (Sur la lettre d'avis.) Quittance (T) du maire de la commune subventionnée. (Sur la lettre d'avis.)	

CHAPITRES SPÉCIAUX.	SERVICES ET ARTICLES.	ANALYSE DU MODE D'ADMINISTRATION, DE COMPTABILITÉ, et de payement.		PIÈCES À FOURNIR AUX PAYEURS DU TRÉSOR, à l'appui des ordonnances et mandats de payement.	OBSERVATIONS.
CHAPITRE XIX. ÉTABLISSEMENTS DIVERS.	Académie royale de médecine............	Les dépenses de cet établissement ont pour objet: 1° Le traitement d'un secrétaire perpétuel et d'un secrétaire du conseil, les appointements des employés et gens de service du bureau de l'administration; 2° Les droits de présence des membres de l'académie; 3° Les prix mis au concours par cette compagnie; 4° Le loyer de l'hôtel où siège l'académie; 5° Les frais d'impression, chauffage, éclairage et autres menues dépenses d'administration. Elles sont acquittées par le secrétaire trésorier de l'académie, et ordonnancées en son nom. Les traitements, appointements et gages sont payés chaque mois, à terme échu, et sans retenue. Les droits de présence sont acquittés, par trimestre, d'après le même mode. Les prix décernés par l'académie sont soumis à toutes les règles prescrites pour l'ordonnancement et le payement des prix de l'Institut. Les frais du matériel sont ordonnancés et payés d'après le mode suivi pour le bureau des longitudes.	Traitements, appointements et gages.... Indemnités de droits de présence.... Prix et récompenses décernés par l'académie.... Loyer de l'hôtel.... Dépenses du matériel....	Mêmes justifications que pour les traitements des autres établissements. Mêmes justifications que pour les droits de présence des membres de l'Institut. Mêmes justifications que pour les prix décernés par l'Institut. 1° Quittance (T) du propriétaire; 2° Copie ou extrait du bail (T). Mêmes justifications qu'au bureau des longitudes.	
	École des chartes........	Le personnel de l'École se compose d'un professeur secrétaire, remplissant en outre les fonctions d'administrateur, d'un deuxième professeur et de huit élèves pensionnaires. Toutes les dépenses de l'établissement sont acquittées par l'administrateur au nom duquel les ordonnances sont délivrées. Les traitements des professeurs et les indemnités des élèves pensionnaires sont payés mensuellement, à terme échu et sans retenue, comme pour les autres établissements scientifiques. Les dépenses du matériel ont pour objet le chauffage, l'éclairage, l'entretien du mobilier, et autres menus frais.	Traitements des professeurs et indemnités des élèves pensionnaires.... Dépenses du matériel....	Mêmes justifications que pour les traitements de l'Académie royale de médecine. Mêmes justifications que pour les dépenses du matériel de l'Académie royale de médecine.	
	Cours d'archéologie....	Le traitement du professeur chargé du cours d'archéologie à la Bibliothèque royale, et les menus frais de ce cours, sont ordonnancés au nom du secrétaire trésorier de la Bibliothèque royale, et acquittés d'après les mêmes règles qu'à l'École des chartes.		Mêmes justifications qu'à l'article précédent.	
	École spéciale des langues orientales....	Les dépenses sont de même nature que celles de l'École des chartes; elles sont liquidées et ordonnancées d'après le même mode. Les ordonnances sont délivrées au nom de l'agent de l'École.		Les justifications sont les mêmes que celles qui sont indiquées à l'École des chartes.	
	Cours d'arabe vulgaire de Marseille..........	Le traitement du professeur est ordonnancé directement en son nom, sans retenue.	Quittance du professeur.		
	Jardin botanique d'Ajaccio.	Les dépenses se composent: 1° Du traitement d'un directeur; 2° Du salaire des jardiniers et charretiers; 3° D'achat de plantes, engrais, chevaux et de journées d'ouvriers et autres frais d'exploitation; elles sont liquidées et acquittées sous la surveillance du préfet, par le directeur au nom duquel les ordonnances sont délivrées. Elles peuvent être régies par économie, suivant les exigences du service; et, dans ce cas, elles sont soumises aux formalités prescrites pour ce mode d'administration.	Traitement du directeur et salaires des jardiniers et charretiers........ Journées d'ouvriers.... Dépenses diverses....	1° États nominatifs émargés, certifiés par le directeur, arrêtés et visés par le préfet; 2° Bordereau général de dépense certifié, arrêté par le préfet, visé par le ministre. 1° État nominatif de journées, certifié, acquitté et visé. 1° Mémoires ou factures (T) quittancés et certifiés; 2° Bordereau général de dépense certifié, arrêté par le préfet et visé par le ministre.	Il est établi qu'un seul bordereau général pour toutes dépenses du mois, soit de personnel, soit de matériel.

CHAPITRES spéciaux.	SERVICES et articles.	ANALYSE du mode d'administration, de comptabilité et de payement.	PIÈCES à produire aux payeurs du trésor à l'appui des ordonnances et mandats de payement.	OBSERVATIONS.
CHAPITRE XX.	Souscriptions.	Afin de faciliter la publication des ouvrages de sciences et de littérature qui sont jugés dignes de la protection du Gouvernement, le ministre souscrit au profit des auteurs ou des éditeurs, pour un certain nombre d'exemplaires de ces ouvrages. Les ordonnances sont délivrées au nom des auteurs ou des éditeurs.	1° Facture (T) des ouvrages livrés, certifiée, quittancée et visée; 2° Certificat de dépôt rappelant la date de la décision qui accorde la souscription; 3° Certificat d'inscription des ouvrages livrés sur un registre d'entrée et de sortie.	
CHAPITRE XXI. ENCOURAGEMENTS ET SECOURS AUX SAVANTS ET HOMMES DE LETTRES.	Encouragements et secours littéraires.	Les dépenses comprises sous ce titre se composent, savoir: 1° D'indemnités temporaires accordées à des savants ou gens de lettres, à leurs enfants ou à leurs veuves; 2° D'encouragements à des savants et gens de lettres occupés de travaux et de recherches utiles à la science, ou de publications importantes; 3° De secours éventuels à des personnes qui se sont distinguées dans les sciences ou les lettres; 4° De subventions allouées à des compagnies savantes; 5° D'indemnités pour missions scientifiques à des savants nationaux et étrangers, chargés par le Gouvernement de recueillir des manuscrits ou autres documents qui intéressent les sciences et les lettres; 6° De l'indemnité de traitement d'un inspecteur des bibliothèques; Ces indemnités, encouragements, subventions et secours sont ordonnancés directement au nom des titulaires. Les indemnités temporaires sont acquittées par trimestre. L'indemnité de traitement de l'inspecteur des bibliothèques est ordonnancée par mois.	§ 1er. Indemnités temporaires. 1° États nominatifs arrêtés par le ministre; 2° Quittance (T) de la partie prenante (sur la lettre d'avis); 3° Certificat de vie (T) par trimestre, lorsque le titulaire de l'indemnité est représenté par un fondé de pouvoirs. § 2. Encouragements. Quittance (T) de la partie prenante (sur la lettre d'avis). § 3. Secours. Quittance de la personne secourue (sur la lettre d'avis). § 4 et 5. Subventions et indemnités éventuelles. Quittance (T) de la partie prenante (sur la lettre d'avis). § 6. Indemnité de traitement de l'inspecteur des bibliothèques. Quittance de l'inspecteur (sur la lettre d'avis).	Les ordonnances de payement pour subventions sont délivrées au nom du directeur, du président ou du trésorier de la compagnie.
	Secours aux anciens fonctionnaires de l'Université ou à leurs veuves.	Ces secours sont acquittés par mois, par trimestre ou par semestre, en vertu d'arrêtés pris par le ministre, sur l'avis du conseil royal. Le montant en est ordonnancé au nom des titulaires, soit collectivement, soit individuellement.	1° États nominatifs arrêtés par le ministre; 2° Quittance de la partie prenante (sur la lettre d'avis).	
	Indemnités viagères allouées aux artistes qui avaient des logements à la Sorbonne, conformément à l'ordonnance du 3 janvier 1821.	Ces indemnités sont acquittées par semestre et d'avance, et ordonnancées sur des états nominatifs arrêtés par le ministre, lequel il est constaté que les artistes auxquels elles sont allouées n'ont pas obtenu d'autres logements gratuits.	1° États nominatifs arrêtés par le ministre; 2° Certificat de vie (T); 3° Quittance de l'artiste (voir la lettre d'avis).	
CHAPITRE XXII. RECUEIL ET PUBLICATIONS DE DOCUMENTS INÉDITS DE L'HISTOIRE NATIONALE.		Ces dépenses se composent, savoir: 1° Des indemnités allouées aux personnes chargées des travaux et recherches historiques relatifs à la publication des documents; 2° Des frais de copies, transcription de manuscrits, corrections typographiques; 3° Des frais d'impressions, dessins, gravures, etc.	Quittance de la partie prenante (sur la lettre d'avis). Idem. 1° Mémoires et factures (T) certifiés et quittancés; 2° Certificat d'inscription des ouvrages livrés sur un registre d'entrée et de sortie.	
CHAPITRE XXIII.	Subvention aux fonds de retraite.	Cette subvention est ordonnancée par quart, de trimestre en trimestre, au nom du caissier de la caisse des dépôts et consignations.	Récépissé à talon du caissier de la caisse des dépôts et consignations.	

CHAPITRES SPÉCIAUX.	SERVICES ET ARTICLES.	ANALYSE DU MODE D'ADMINISTRATION, DE COMPTABILITÉ et de payement.	PIÈCES À PRODUIRE AUX PAYEURS DU TRÉSOR à l'appui des ordonnances et mandats de payement.	OBSERVATIONS.
CHAPITRE XXIV. — Dépenses des exercices clos.	Rappels de dépenses effectuées sur exercices clos.	Toutes les dispositions applicables aux dépenses des exercices clos se résument ainsi qu'il suit, savoir : 1° Les créances restant à payer à la clôture d'un exercice, d'après le compte définitif, sont ordonnancées sur les fonds de l'année courante, et imputées sur un chapitre spécial ouvert au budget de l'exercice qui prend son nom de ladite année, sous le titre de *Dépenses des exercices clos;* 2° Les ordonnances doivent être renfermées dans la limite des dépenses restant à payer à la clôture de l'exercice; 3° Si des créances dûment constatées sur un exercice clos ne font point partie des restes à payer dudit exercice, l'ordonnancement n'en peut avoir lieu qu'au moyen de crédits supplémentaires, et d'après les formes prescrites par les articles 132 et 133 du présent règlement; 4° Le montant des payements effectués pendant le cours de chaque année forme le crédit du chapitre spécial ci-dessus mentionné, et figure ensuite parmi les crédits législatifs, lors du règlement définitif de l'exercice qui a supporté la dépense. Les créances des exercices clos sont liquidées distinctement par exercice, et ordonnancées nominativement et directement par le ministre.	Mêmes justifications que pour les dépenses analogues du service courant.	
CHAPITRE XXV. — Dépenses des exercices périmés.	Dépenses des exercices périmés, non frappées de déchéance.	Les dépenses des exercices clos, affranchies de la déchéance, en vertu de l'article 10 de la loi du 29 janvier 1831, et à solder postérieurement à la période quinquennale, ne peuvent être acquittées qu'au moyen de crédits extraordinaires ouverts par ordonnances royales, sauf régularisation à la plus prochaine session des chambres, conformément à la loi du 24 avril 1833. Ces crédits sont portés à un chapitre spécial du budget de l'exercice sur lequel ils ont été ouverts sous le titre de *Dépenses des exercices périmés,* et sont valables pour l'ordonnancement et le payement pendant la durée dudit exercice. Les dépenses des exercices périmés, comme celles des exercices clos, sont l'objet de liquidations distinctes et d'ordonnancements nominatifs et directs.	Mêmes justifications que pour les dépenses analogues du service courant. Joindre en outre les titres propres à justifier les exceptions déterminées par l'article 10 de la loi du 29 janvier 1831.	

COLLÉGES ROYAUX.

NOMENCLATURE SPÉCIALE

Des Pièces justificatives que les Économes des Colléges royaux sont tenus de produire à l'appui des Recettes et des Dépenses qu'ils effectuent.

RÉPERTOIRE

DE LA NOMENCLATURE DES PIÈCES JUSTIFICATIVES À PRODUIRE PAR LES ÉCONOMES DES COLLÉGES ROYAUX.

1° RECETTE.

TITRE Ier. — RECETTE.

CHAPITRES DU BUDGET.	SERVICES ET ARTICLES.	PIÈCES A PRODUIRE POUR LA JUSTIFICATION DES RECETTES.	OBSERVATIONS.
CHAPITRE Ier. — RECETTES SUR LE TRÉSOR.	Subvention pour dépenses fixes.	*Extrait, certifié par le proviseur, de la lettre ministérielle portant notification de l'ordonnance de répartition du crédit alloué au budget de l'État pour subventions aux colléges royaux.*	Pour les autres sommes à recevoir du Trésor qui sont mentionnées au chapitre 1er, mais portées en recette aux chapitres 3, 5 et 7, qui comprennent les droits constatés au lesquels elles étaient imputables, les justifications sont faites par les états de dégrèvements et de remises, par la copie des chapitres additionnels au budget de l'exercice et, s'il y a lieu, par des états certifiés dressés conformément aux instructions données pour les services analogues.
	Bourses royales....	*États mensuels de présence certifiés par le proviseur, et tableau récapitulatif des décomptes établis sur ces états.*	
	Supplément à la portion du boni des colléges royaux qui peut être répartie entre le censeur et les professeurs.	*Extrait, certifié par le proviseur, de la lettre ministérielle portant notification de l'arrêté de répartition du crédit alloué au budget de l'État à titre de supplément à la portion du boni, etc. — Si des professeurs ont été en congé et si, par suite, la somme à recevoir s'est trouvée être inférieure à la somme accordée, indication sommaire, sur la copie de la lettre d'avis, des causes et du montant de la différence.*	
CHAPITRE II. — RECETTES SUR LES COMMUNES.	Bourses communales.	*Extrait, certifié par le proviseur, de l'ordonnance royale qui détermine le nombre de bourses que la commune doit entretenir au collége. — Pour les bourses qui ont été occupées, états mensuels de présence, certifiés par le proviseur, et tableau récapitulatif des décomptes établis sur ces états.*	
	Subvention pour les prix.	*Extrait, certifié par le proviseur, de la délibération du conseil municipal, dûment approuvée, qui alloue la subvention.*	
CHAPITRE III. — RECETTES SUR LES FAMILLES.	Complément de pension des boursiers royaux et communaux. Pension des pensionnaires et demi-pensionnaires libres. Frais de livres classiques des boursiers royaux et communaux, des pensionnaires et demi-pensionnaires libres. Frais d'études des externes. Rétribution spéciale à la charge des élèves de l'école préparatoire.	*États mensuels de présence, certifiés par le proviseur, et tableau récapitulatif des décomptes établis sur ces états.*	
	Prix des trousseaux et parties de trousseaux fournis par le collége.	*État, certifié par le proviseur, des sommes dues par les familles pour ces fournitures.*	
	Frais dus pour les leçons d'arts d'agrément données au compte des familles.	*Tableau récapitulatif des états de présence, si les frais ont été payés par tous les élèves et compris dans les décomptes mensuels de ces états. — Dans le cas contraire, état, certifié par le proviseur, des sommes dues par les familles.*	

Suite du TITRE Ier. — RECETTE.

CHAPITRES DU BUDGET.	SERVICES ET ARTICLES.	PIÈCES A PRODUIRE POUR LA JUSTIFICATION DES RECETTES.	OBSERVATIONS.
CHAPITRE III. —— (Suite.)	Sommes à recevoir du trésor pour des dégrèvements de pension et de trousseaux accordés à des familles qui avaient acquitté les frais à leur charge.	État, certifié par le proviseur, rappelant les décisions qui ont prononcé les dégrèvements, les noms des élèves qui les ont obtenus et leur quotité.	
CHAPITRE IV. RECETTES SUR DIVERS.	Pension des commensaux de la table commune.	État, certifié par le proviseur, faisant connaître le nombre des commensaux, le laps de temps pendant lequel chacun d'eux a pris ses repas à la table commune, le prix de la pension, la somme due et le total de la recette à faire.	
	Fermages de biens ruraux, loyers de bâtiments.	État, certifié par le proviseur, des baux ou conventions, indiquant la nature des propriétés affermées ou des bâtiments loués, le prix de la location, la durée du bail, l'époque de l'entrée en jouissance; — copie ou extrait des baux; si cette pièce a déjà été fournie, indication du compte auquel elle est annexée.	
	Rentes sur l'État...	État, certifié par le proviseur, des inscriptions de rentes que le collége a acquises, faisant connaître la date de l'ordonnance qui a autorisé l'achat, la date de l'inscription, celle de l'entrée en jouissance et le montant annuel des arrérages à recevoir. Produire en outre, pour les rentes achetées pendant l'année, copie certifiée des inscriptions.	
	Intérêts du fonds commun d'assurance contre l'incendie.	Extrait, certifié par le proviseur, de la lettre ministérielle portant notification de l'arrêté de répartition des intérêts du fonds commun d'assurance contre l'incendie.	
CHAPITRE V. RECETTES EXTRAORDINAIRES.	Intérêts des fonds placés.	Copie, certifiée par le proviseur, du décompte des intérêts, dûment arrêté.	
	Produit de la vente d'objets récoltés.	Copie, certifiée par le proviseur, des marchés de vente.	
	Produit de la vente d'objets mobiliers et de vieux matériaux hors d'usage.	Copies, certifiées par le proviseur, 1° des décisions qui ont autorisé les ventes; 2° des procès-verbaux de ventes, lorsqu'elles ont été faites aux enchères publiques; 3° des marchés passés avec les acquéreurs, lorsque les ventes ont été faites de gré à gré.	
	Remboursement de frais judiciaires.	État, certifié par le proviseur, faisant connaître le nom des débiteurs, la nature et le montant des frais judiciaires à rembourser au collége.	
	Remboursements pour frais de quittances timbrées.	État, certifié par le proviseur, faisant connaître le nombre des quittances délivrées et le montant des sommes remboursées par les familles.	

Suite du TITRE Ier. — RECETTE.

CHAPITRES DU BUDGET.	SERVICES ET ARTICLES.	PIÈCES A PRODUIRE POUR LA JUSTIFICATION DES RECETTES.	OBSERVATIONS.
	Remboursements pour dégradations et objets perdus.	*État, certifié par le proviseur, faisant connaître le nom des débiteurs, la nature et le prix des objets perdus, le montant des remboursements à faire au collége.*	
	Remboursement de capitaux placés.	*État, certifié par le proviseur, faisant connaître la date des décisions qui ont autorisé les placements, le montant des sommes placées, les époques et la quotité des remboursements.*	
CHAPITRE V. —— (Suite.)	Vente de rentes et d'immeubles.	*Copies, certifiées par le proviseur, 1° de l'ordonnance royale qui a autorisé la vente; 2° de l'acte de vente ou du bordereau de l'agent de change qui a opéré le transfert.*	
	Rétribution universitaire des élèves.	*États mensuels de présence, certifiés par le proviseur, et tableau récapitulatif des décomptes établis sur ces états.*	
	Sommes à recevoir du trésor, en compensation de la rétribution universitaire comprise dans les remises qui ont donné lieu à des remboursements.	*État, certifié par le proviseur, des remises qui ont été accordées, contenant le décompte des sommes à rembourser au collége pour la rétribution universitaire.*	
CHAPITRE VI. —— REVENUS EN NATURE.	Évaluation en argent des objets récoltés dans le jardin, ou dans la maison de campagne du collége, et réservés pour la consommation de l'établissement.	*Note estimative de ces objets, d'après les prix courants, certifiée par le proviseur.*	
CHAPITRE VII. —— RECETTES SUR LES EXERCICES CLOS.	Première section...	*Mêmes justifications que pour les recettes analogues comprises dans les six premiers chapitres.*	
	Deuxième section...	*Expédition des chapitres additionnels au budget de l'exercice auquel les créances arriérées ont été reportées. (Cette expédition reste déposée au ministère pour être produite à l'appui du compte de deniers, à l'époque où les chapitres additionnels sont définitivement arrêtés.)*	

OBSERVATIONS GÉNÉRALES POUR LES RECETTES.

Toutes les recettes non prévues dans cette nomenclature, que les colléges pourront avoir à faire, devront être justifiées, selon leur nature, de la même manière que celles avec lesquelles elles auront le plus d'analogie et par des titres réguliers.

Les pièces à produire, pour la justification des recettes, doivent être envoyées au ministère, à l'expiration de l'année, avec les comptes de gestion.

TITRE II. — DÉPENSE.

CHAPITRES DU BUDGET.	SERVICES ET ARTICLES.	PIÈCES A PRODUIRE POUR LA JUSTIFICATION DES DÉPENSES.	OBSERVATIONS.
CHAPITRE 1er. — DÉPENSES DE NOURRITURE.	Blé, farine, pain, viande, vin, cidre ou bière, comestibles et menues dépenses de bouche, bois et autres combustibles, ustensiles pour la cuisine, vaisselle pour le réfectoire, menus frais.	*Mandats de payement acquittés* par duplicata *par les parties prenantes; mémoires des fournisseurs, certifiés et acquittés par eux et visés par le proviseur.* — *Copies ou extraits, certifiés par le proviseur, des procès-verbaux d'adjudication, des marchés ou soumissions, si les fournitures ont été faites par suite ou en vertu de semblables actes, ce que le mandat doit spécifier.* — *Production des mercuriales.* *Pour les menues dépenses de consommation journalière qui sont faites par le dépensier, on produit à l'appui du mandat de payement qui est délivré au nom de cet agent, et qu'il doit acquitter par duplicata, un bordereau dit* bordereau de quinzaine, *qui est certifié et acquitté par lui, visé par le proviseur, et accompagné, autant que possible, des mémoires ou factures des fournisseurs acquittés par eux.* NOTA. Dans quelques colléges on ne donne pas de vin aux domestiques, mais on leur accorde une indemnité en compensation. Ces indemnités doivent être classées au chapitre 1er, attendu qu'elles représentent une partie des dépenses de nourriture imputables sur les crédits alloués à ce chapitre. — Pour justifier le payement des indemnités on doit produire les mandats de payement individuels ou collectifs, acquittés par les parties prenantes que ces mandats désignent. A l'appui des mandats collectifs délivrés au nom de la personne chargée de recevoir pour tous, on doit produire en outre des états émargés dûment arrêtés par le proviseur, énonçant l'objet des indemnités, le nom de la personne chargée de recevoir, les noms et les qualités des agents auxquels les indemnités sont dues, le laps de temps auquel elles s'appliquent et la somme à payer. Les mêmes justifications doivent être faites dans tous les cas analogues.	
CHAPITRE II. — BLANCHISSAGE ET RACCOMMODAGE.	Blanchissage du linge des élèves et de la maison; raccommodage des habits et repassage des chapeaux; raccommodage du linge et des bas.	*Mandats acquittés* par duplicata; *mémoires certifiés, acquittés et visés.* — *Copies ou extraits certifiés des procès-verbaux d'adjudication, des marchés ou soumissions, si les fournitures ou les travaux ont été faits par suite ou en vertu de semblables actes, ce que le mandat doit spécifier.* *Si les travaux ont été faits à la journée, mémoires de journées certifiés par l'ouvrier ou par l'agent du collège chargé de diriger le service (suivant que le mandat est délivré au nom de l'un ou de l'autre) et visés par le proviseur.*	

Suite du TITRE II. — DÉPENSE.

CHAPITRES DU BUDGET.	SERVICES ET ARTICLES.	PIÈCES A PRODUIRE POUR LA JUSTIFICATION DES DÉPENSES.	OBSERVATIONS.
CHAPITRE III. — HABILLEMENT, TROUSSEAUX.	Renouvellement ordinaire de l'habillement. Chaussure des élèves, habits, pantalons et gilets, linge de corps, draps, serviettes, bas, mouchoirs, chapeaux. Trousseaux. Effets d'habillement, linge de corps, draps et serviettes, couverts et timbales d'argent, peignes, brosses, etc.	*Mandats acquittés par duplicata; mémoires certifiés acquittés et visés. — Copies ou extraits certifiés des procès-verbaux d'adjudication, des marchés ou soumissions, si les fournitures ou les travaux ont été faits par suite ou en vertu de semblables actes, ce que le mandat doit spécifier.* Idem. NOTA. Dans quelques colléges des élèves pour lesquels on paye le prix de la pension entière sont habillés par leurs parents, auxquels on fait un remboursement en compensation des frais d'habillement. — Ces remboursements doivent être classés au chapitre III, attendu que les crédits ouverts à ce chapitre sont calculés d'après le nombre des élèves qui payent les frais d'habillement, et que les sommes remboursées représentent la dépense que le collége fait pour ces élèves. — Pour justifier ces remboursements on doit produire les mandats de payement, acquittés par les parties prenantes, et un certificat délivré par le proviseur constatant que la pension de l'élève pour lequel le remboursement est fait a été payée en totalité, quoique la famille l'ait habillé à ses frais.	
CHAPITRE IV. — TRAITEMENTS FIXES, TRAITEMENTS ÉVENTUELS, AUGMENTATIONS SUR LE BONI, INDEMNITÉS, GRATIFICATIONS, SECOURS.	1re Section. Traitements fixes, appointements et gages.	*Mandats de payement individuels ou collectifs, acquittés par les parties prenantes que ces mandats désignent. Lesdits mandats font connaître le montant brut de la somme due, les retenues à exercer pour le fonds de retraite, et le net à payer.* *A l'appui des mandats collectifs délivrés au nom de la personne chargée de recevoir pour tous, on doit produire des états émargés, dûment arrêtés par le proviseur, énonçant le nom de la personne chargée de recevoir, les noms et les qualités des fonctionnaires, professeurs, employés et gens de service, le temps pour lequel les traitements, les appointements et les gages sont dus, le montant brut de la somme à payer, les retenues exercées pour le fonds de retraite, la somme nette à payer.* *Pour les retenues exercées au profit du fonds de retraite, mandat de payement accompagné du récépissé du receveur général ou particulier des finances.*	

Suite du TITRE II. — DÉPENSE.

CHAPITRES DU BUDGET.	SERVICES ET ARTICLES.	PIÈCES A PRODUIRE POUR LA JUSTIFICATION DES DÉPENSES.	OBSERVATIONS.
CHAPITRE IV. (Suite.)	*2ᵉ Section.* Traitements éventuels.	*Mandats de payement individuels ou collectifs, acquittés par les parties prenantes que ces mandats désignent.* *A l'appui des mandats collectifs, états émargés, dûment arrêtés par le proviseur, énonçant le nom de la personne chargée de recevoir pour tous, les noms et les qualités des fonctionnaires et professeurs, le temps pour lequel le traitement est dû, et la somme à payer. — Décompte trimestriel, certifié par le proviseur, des sommes à répartir à titre d'éventuel des fonctionnaires et professeurs.*	
	3ᵉ Section. Augmentations de traitement sur le boni, indemnités, gratifications, secours.	*Mandats de payement individuels ou collectifs, acquittés par les parties prenantes que ces mandats désignent.* *A l'appui des mandats de payement collectifs: États émargés, dûment arrêtés par le proviseur, énonçant le nom de la personne chargée de recevoir pour tous, l'objet du payement, le laps de temps pour lequel il est fait, les noms et les qualités des créanciers et la somme à payer.* NOTA. Quand un décompte a pour objet une somme qui était due à une personne décédée, et que le mandat est délivré au nom des héritiers, on doit, pour justifier le payement, produire, outre le mandat acquitté par les parties prenantes, l'acte de décès et les titres d'hérédité.	
CHAPITRE V. FRAIS DU SERVICE INTÉRIEUR.	Chauffage........	*Mandats de payement acquittés par duplicata; mémoires certifiés, acquittés et visés. — Copies ou extraits des procès-verbaux d'adjudication, des marchés ou soumissions, si les fournitures ont été faites par suite ou en vertu de semblables actes, ce que le mandat doit spécifier.*	
	Éclairage........	Idem.	
	Livres classiques...	Idem.	
	Papier, encre, plumes, crayons, dessins, etc.	Idem.	
	Impressions.......	Idem.	
	Médicaments et autres frais d'infirmerie.	Idem.	
	Réparations locatives	*Mandats de payement acquittés par duplicata; mémoires des travaux certifiés par les entrepreneurs, réglés et arrêtés par un architecte, et visés par le proviseur. — Copies ou extraits des procès-verbaux d'adjudication, des marchés ou soumissions, si les travaux ont été faits par suite ou en vertu de semblables actes, ce que le mandat doit spécifier.* *Les mandats d'à-compte sur les travaux non encore terminés se délivrent sur un état de proposition de l'architecte ou de l'économe, selon la nature des dépenses, qui cons-*	

CHAPITRES DU BUDGET.	SERVICES ET ARTICLES.	PIÈCES A PRODUIRE POUR LA JUSTIFICATION DES DÉPENSES.	OBSERVATIONS.
		tate le montant des travaux exécutés et détermine l'à-compte qui doit être payé; dans aucun cas l'à-compte ne peut excéder les cinq sixièmes du montant des travaux. Un pareil état de proposition est établi pour les à-compte successifs; on y indique de plus les à-compte payés antérieurement.	
	Réparations locatives (Suite.)	Les états de proposition sont visés par le proviseur. Les mandats de payement délivrés pour solde font connaître les à-compte payés antérieurement, la date et le numéro des mandats d'à-compte. — On y joint les mémoires certifiés, acquittés, réglés, arrêtés et visés, et un dernier état de proposition de payement constatant la réception définitive des travaux et relatant les à-compte payés antérieurement.	
CHAPITRE V. —— (Suite.)	Entretien du mobilier.	Mandats de payement acquittés par duplicata; mémoires certifiés, acquittés et visés.—Copies ou extraits des procès-verbaux d'adjudication, des marchés ou soumissions, si les fournitures ou les travaux ont été faits par suite ou en vertu de semblables actes, ce que le mandat doit spécifier.	
	Menus frais et dépenses accidentelles.	Idem. Si le payement a pour objet diverses menues dépenses dont l'agent du collège chargé du service a fait l'avance, le mandat, délivré au nom de cet agent, est accompagné d'un bordereau de dépenses, certifié par la partie prenante, visé par le proviseur, et appuyé, autant que possible, des mémoires ou factures des fournisseurs, acquittés par eux.	
	Frais relatifs à la distribution des prix.	Mandats de payement acquittés par duplicata; mémoires certifiés, acquittés (réglés et arrêtés par un architecte, s'il y a lieu) et visés. — Copies ou extraits des procès-verbaux d'adjudication, des marchés ou soumissions, si les fournitures ou les travaux ont été faits par suite ou en vertu de semblables actes, ce que le mandat doit spécifier.	
CHAPITRE VI DÉPENSES EXTRAORDINAIRES.	Entretien du cabinet de physique.	Idem.	
	Frais relatifs aux leçons d'arts d'agrément données au compte des familles. / Appointements des maîtres.	Mandats de payement individuels ou collectifs, acquittés par les parties prenantes que ces mandats désignent. A l'appui des mandats de payement collectifs : États émargés, dûment arrêtés par le proviseur, énonçant le nom de la personne chargée de recevoir pour tous, les noms et les qualités des maîtres et, suivant les cas, ou le taux des appointements et le temps pour lequel ils sont dus, ou le prix d'abonnement, le nombre des leçons et le temps pendant lequel elles ont été données, enfin la somme à payer.	

Suite du TITRE II. — DÉPENSE.

CHAPITRES DU BUDGET.	SERVICES ET ARTICLES.	PIÈCES A PRODUIRE POUR LA JUSTIFICATION DES DÉPENSES.	OBSERVATIONS.
CHAPITRE VI. (Suite.)	Frais relatifs aux leçons d'arts d'agrément données au compte des familles. (Suite.) — Appointements des maîtres. (Suite.)	A l'appui des mandats de payement individuels : Justifications analogues à celles qui sont exigées pour les payements faits sur mandats collectifs.	
	Frais divers...	Mandats de payement acquittés par duplicata; mémoires certifiés, acquittés et visés.	
	Frais judiciaires....	Mandats de payement acquittés par duplicata; mémoires certifiés, taxés par le président du tribunal, acquittés et visés.	
	Frais de timbre....	Mandats de payement acquittés par duplicata; mémoires certifiés, acquittés et visés.	
	Versement au trésor de la rétribution universitaire des élèves internes et externes.	Mandats de payement, accompagnés des avertissements du directeur des contributions directes et des récépissés du receveur général ou particulier des finances.	
	Contributions......	Mandats de payement, accompagnés des avertissements du directeur des contributions directes et des quittances à souche délivrées par les receveurs.	
	Exploitation de biens ruraux.	Mandats de payement acquittés par duplicata; mémoires certifiés, acquittés (réglés et arrêtés par un architecte, s'il y a lieu) et visés. — Copies ou extraits des procès-verbaux d'adjudication, des marchés ou soumissions, si les fournitures ou les travaux ont été faits par suite ou en vertu de semblables actes, ce que le mandat doit spécifier.	
	Travaux extraordinaires.	Idem. Faire, en outre, toutes les justifications qui sont prescrites pour les travaux auxquels peuvent donner lieu les réparations locatives, et qui sont indiquées au chapitre V.	
	Achat de livres pour la bibliothèque; — d'instruments de physique et de produits chimiques; — d'objets mobiliers, etc.	Idem. Faire, en outre, certifier par le professeur de physique, au bas des mémoires, la bonne confection des instruments et la bonne qualité des fournitures.	
	Achat de rentes sur l'État.	Mandats de payement, accompagnés des bordereaux de l'agent de change, acquittés par lui, constatant le cours auquel l'achat a été effectué, et, s'il y a lieu, des récépissés du receveur général des finances. — Copies, certifiées par le proviseur, 1° de l'ordonnance royale qui a autorisé l'achat; 2° de l'inscription de rentes.	
	Achat d'immeubles.	Mandats de payement acquittés. — Copies, certifiées par le proviseur, 1° de l'ordonnance royale qui a autorisé l'achat; 2° de l'acte d'achat, des pièces justificatives de l'accomplissement des formalités de transcription des contrats et de purge des hypothèques, et de celles constatant la non-existence d'hypothèques de toute nature.	

Suite du TITRE II. — DÉPENSE.

CHAPITRES DU BUDGET.	SERVICES ET ARTICLES.	PIÈCES A PRODUIRE POUR LA JUSTIFICATION DES DÉPENSES.	OBSERVATIONS.
CHAPITRE VI. —— (Suite.)	Placements de fonds.	*Mandats de payement acquittés. — Copie, certifiée par le proviseur, de l'ordonnance ou de la décision qui a autorisé le placement.*	
	Remboursements de frais de pension et autres, par suite de remises.	*Mandats de payement acquittés. — État, certifié par le proviseur, des remises qui ont été accordées, contenant le décompte des sommes à rembourser.*	
	Remboursements de frais de pension et autres, par suite de dégrèvements.	*Idem. — État, certifié par le proviseur, des dégrèvements qui ont été accordés, contenant le décompte des sommes à rembourser.*	
CHAPITRE VII. —— DÉPENSES DES EXERCICES CLOS.	Première section...	*Mêmes justifications que pour les dépenses analogues comprises dans les six premiers chapitres.*	
	Deuxième section...	*Expédition des chapitres additionnels de l'exercice auquel les dettes arriérées ont été reportées. (Cette expédition reste déposée au ministère pour être produite à l'appui du compte de deniers, à l'époque où les chapitres additionnels sont définitivement arrêtés.)*	

OBSERVATIONS GÉNÉRALES POUR LES DÉPENSES.

Toutes les dépenses non prévues dans cette nomenclature, que les colléges pourront avoir à faire, devront être justifiées, selon leur nature, de la même manière que celles avec lesquelles elles auront le plus d'analogie et par des titres réguliers.

Les mandats de payement, établis conformément au modèle annexé à la circulaire du 10 juillet 1839, doivent énoncer,

1° Le chapitre et l'article du budget auxquels se rattache la dépense;

2° La date et le montant du crédit ouvert, soit par le budget, soit par décision spéciale.

Les mémoires ou factures au-dessus de 10 francs doivent être établis sur papier timbré (1).

Les mémoires ou factures doivent être revêtus d'un certificat de prise en charge, signé par l'économe, et conçu ainsi qu'il suit :

Je certifie que les objets ci-dessus désignés ont été portés (pour les objets de consommation) sur le livre de magasin; (pour les objets mobiliers) sur l'inventaire; (pour les livres et objets appartenant aux collections scientifiques) sur les catalogues, et je déclare les avoir pris en charge. A le 184 .

L'Économe du collége royal,

Nul ne peut se présenter pour un autre créancier, s'il n'y a été préalablement autorisé par procuration sur papier timbré. La signature du créancier qui donne procuration doit être certifiée véritable par un maire, par un recteur ou par un proviseur.

La procuration doit être jointe au mandat acquitté.

Lorsque la procuration est sous seing privé, elle n'est valable que pour l'année pendant laquelle elle a été donnée.

Quand plusieurs payements sont effectués entre les mains d'un fondé de pouvoirs,

(1) Les créanciers dont les mémoires n'excèdent pas cette somme peuvent être dispensés de les produire sur papier timbré; mais alors on doit énoncer, dans le corps des mandats qui y sont joints, le détail des fournitures. A défaut de cette énonciation, les mémoires ou factures, quoique n'excédant pas 10 francs, doivent être rédigés sur papier timbré.

Les bordereaux de menues dépenses produits par le dépensier ou par tout autre agent du collége chargé d'un service, ne sont pas assujétis à la formalité du timbre; mais les factures ou mémoires qui les accompagnent doivent être timbrés lorsqu'ils excèdent 10 francs.

Suite du TITRE II. — DÉPENSE.

PIÈCES A PRODUIRE POUR LA JUSTIFICATION DES DÉPENSES.	OBSERVATIONS.
on doit avoir soin de relater sur le mandat le numéro de celui auquel la procuration est jointe. Quand la partie prenante ne sait pas signer, on effectue le payement du mandat délivré en son nom en présence de deux témoins connus de l'agent comptable, lesquels, par leur signature au bas du *pour acquit* apposé sur les mandats et sur les mémoires, certifient que le payement a été fait. Mais cette faculté doit être restreinte aux payements de sommes de 150 francs et au-dessous. Il faut un acte notarié pour les sommes excédant 150 francs. (Loi du 18 messidor an II.) L'économe doit signer avec les témoins. Les quittances données par un acte notarié pouvant être onéreuses pour les fournisseurs ou autres créanciers illettrés, ils ont la faculté de se faire représenter par un fondé de pouvoirs qui touche et signe pour eux. Lorsque le payement n'a pas lieu par mandat individuel, et qu'il est fait à un agent du collége sur état collectif émargé, l'émargement, pour des sommes de 150 fr. et au-dessous, est donné par une croix ou autre marque faite par la partie prenante ne sachant pas signer. Cet émargement est certifié par la signature de l'agent qui reçoit les sommes et par celle d'un autre témoin. Les sommes dues à des fonctionnaires et professeurs qui ont changé de résidence sont payées par l'intermédiaire des receveurs généraux, lorsque les parties intéressées n'ont pas donné pouvoir à un mandataire de recevoir pour elles. Les justifications auxquelles ces payements donnent lieu sont faites conformément aux instructions contenues dans la circulaire du 10 juin 1835. Lorsque les fournisseurs qui ne résident pas dans la ville où est situé le collége tirent des traites sur l'économe, pour se rembourser du montant de leurs fournitures, les mandats de payement doivent être accompagnés des mémoires certifiés (réglés s'il y a lieu) et visés, et des traites acquittées; si les payements ont lieu à la demande des fournisseurs, par l'intermédiaire des receveurs des finances, on joint aux mandats les mémoires acquittés et les récépissés des receveurs. Lorsque des mémoires ou factures comprennent le remboursement aux fournisseurs d'avances faites par eux pour droit d'octroi, de mouvements, congés, voitures, etc., les quittances constatant l'avance desdits droits doivent être jointes aux mémoires. Les économes doivent indiquer d'une manière sommaire, sur les bordereaux récapitulatifs dans lesquels sont classés les mandats et pièces justificatives, envoyés à la fin de chaque trimestre, la nature ou l'objet de la dépense.	

PIÈCES COMPLÉMENTAIRES A PRODUIRE A L'APPUI DES COMPTES DE GESTION.

PIÈCES COMPLÉMENTAIRES à produire à l'appui des comptes de gestion.	OBSERVATIONS.

Indépendamment des pièces indiquées dans la nomenclature, et dont l'envoi doit être fait, pour les recettes, à l'expiration de l'année, pour les dépenses, par trimestre, les économes sont tenus de joindre à leurs comptes de gestion (deniers et matières), qu'ils rendent dans les dix premiers jours du mois de janvier, celles dont le détail suit :

1° Registres à souche des quittances timbrées ou non timbrées délivrées depuis le 1er janvier jusqu'au 31 décembre.

2° Bordereaux récapitulatifs des registres à souche, présentant pour chaque article de recette, et par exercice, la date et le montant de chacune des quittances et le total des sommes reçues pendant l'année.

3° Procès-verbal de vérification de la caisse du collége au 31 décembre. (Modèle joint à la circulaire du 22 décembre 1830.)

4° Extrait, dûment certifié, de la délibération du conseil académique qui détermine, pour l'année, les fournitures à mettre en adjudication et celles à faire au moyen de marchés à l'amiable ou d'achats de gré à gré.

5° Bordereau sommaire des marchés passés avec les fournisseurs ou entrepreneurs, en cours d'exécution pendant l'année pour laquelle le compte est rendu, faisant connaître la durée et le prix des adjudications ou marchés, ainsi que la date de la décision qui les a approuvés. On doit indiquer sur le bordereau dont il s'agit les numéros des mandats de payement auxquels les copies des marchés sont jointes.

6° État des immeubles possédés par le collége, faisant connaître leur nature, à quel titre le collége en est devenu propriétaire, leur valeur, leur affectation, et, s'il y a lieu, la date et le prix des acquisitions et constructions.

7° Copies des états détaillés des créances et des dettes de l'établissement au 31 décembre. L'état des créances doit indiquer la nature des titres, leur date, celle des inscriptions hypothécaires prises pour leur conservation, et, s'il y a des procédures entamées, la situation où elles se trouvent.

Si le collége ne possède ni rentes ni immeubles, s'il n'a ni créances ni dettes, on produira des états négatifs.

8° États des crédits supplémentaires et extraordinaires alloués sur les fonds des exercices en cours d'exécution pendant l'année.

9° États collectifs des exemptions et des remises prononcées.

10° États collectifs des dégrèvements accordés.

11° Certificat de récolement du mobilier du collége, délivré par le directeur, l'inspecteur ou le vérificateur de l'enregistrement et des domaines.

Les économes doivent aussi joindre à leurs comptes, 1° les pièces qu'on leur a réclamées par les accusés de réception trimestriels, et dont ils n'ont pas encore fait l'envoi ; 2° une note particulière faisant connaître s'ils ont satisfait aux injonctions de la Cour des comptes pour les gestions des années précédentes.

Les économes qui ont été installés pendant l'année doivent en outre produire les copies des pièces qui justifient de leur nomination et du versement ou de la réalisation de leur cautionnement.

TABLE ALPHABÉTIQUE

DES MATIÈRES

CONTENUES DANS CE RÈGLEMENT.

Nota. Toutes les indications qui se rapportent aux comptabilités spéciales de l'Institut, des Collèges royaux et de l'Instruction primaire (dépenses départementales), ont été classées par ordre de matières sous chacun des titres concernant ces différentes spécialités.

A

C

D

E

F

G

J

L

S

T

V